これからの保育と教育

［第2版］

―未来を見すえた人間形成―

《編著》

吾田 富士子

篠原 郁子／門田 理世／大庭 三枝／渡邊 哲也

渡邊 由恵／諫山 裕美子／上垣内 伸子

八千代出版

執筆者一覧

篠原　郁子	国立教育政策研究所主任研究官	第1章
門田　理世	西南学院大学人間科学部教授	第2章
吾田富士子	藤女子大学人間生活学部教授	第3章
大庭　三枝	福山市立大学教育学部准教授	第4章
渡邊　哲也	新島学園短期大学コミュニティ子ども学科教授	第5章
渡邊　由恵	九州産業大学人間科学部講師	第6章
諫山裕美子	久留米大学人間健康学部助教	第7章
上垣内伸子	十文字学園女子大学人間生活学部教授	第8章

は じ め に

　保育や幼児教育は長い間、誤解されてきた。「遊んでばかりでいいね」と他学科の教員にいわれ、保育学科の学生たちが憤慨して筆者のところに駆け込んできたのは20年前のことである。以後、保育や幼児教育の重要性、遊びの意義を語れる保育者養成、保育の言語化・理論化が中心テーマの保育者現任研修が筆者のライフワークとなった。

　しかし、教育内容や到達度がはっきりとし、評価が明確な小学校以上の学校教育に比べ、子どもの主体性を重視し、遊びと生活を通して全人教育を行う保育や幼児教育は、教育内容もときに曖昧で多岐にわたり、評価も難しい。確かに「遊んでばかり」なのだ。しかし、遊び＝学びであって、遊び vs. 学びではない。20年前の他学科の教員の言葉は、「遊んでばかりで勉強しなくていいね」という意味合いが含まれていた。それは、残念ながら、現在でも保育や幼児教育を学ぶ機会のない多くの人にとっての保育や幼児教育に対する認識であり、保育士や幼稚園教諭は知的教育とはかけ離れた職業として捉えられてきている。評価についても「できた」「できない」を評価する evaluation ではなく、相手の気持ちに寄り添いながら、今何が必要かを考えることを基盤にする assessment が乳幼児教育の評価の基本であり、一般的には理解されにくい。

　近年、乳幼児期の非認知のちからがその後の認知のちからの発達を大きく左右するという脳神経科学を主とした発達研究や、公共政策として人生のどの段階の教育に投資するよりも、人生初期の乳幼児期の教育に投資した方が最終的な投資効果が大きいとする根拠に基づいた提言により、「人生の初期」が世界的に注目されている。OECD は、Starting Strong（"人生のはじまりこそ力強く"）事業を展開し、ECEC（Early Childhood Education and Care）に関する調査活動を開始し、これまで複数の報告書を公表している。

　そのなかで、ECEC 政策は、①誕生からおおよそ 8 歳までの子どもに対する明瞭で一貫性のある総合的な政策枠組みを構築すべきこと、②学校教育制度と強固で対等な連携をとり、子どもの誕生期から生涯にわたる学びを支援する重要性を示している。

　しかし、世界の保育・幼児教育は、歴史的・文化的背景によって多様である。「教育」と「チャイルドケア」に分断されている国が多く、カリキュラムのうえでも幼児期からの認知発達を中心にすえた「学校レディネス」型の国と、全人教育を中心にすえた国に分かれている。しかし、たとえ文化・経済的発展段階・保育ニーズが異なる国においても、保育や教育の質の保証や向上は、国の優先課題であり、日本においてもその重要性が認識されているところである。

　日本では 2018 年度より新たな幼稚園教育要領、保育所保育指針、幼保連携型認定こども園教育・保育要領、小学校学習指導要領により保育・教育が実施されている。そこには、このような世界の動向と、激動の世界のなかで来るべき未来に活躍できる人材を育成するという日本の教育改革の理念が反映されている。

　本書は、世界の保育・教育の動向を横軸に、日本の教育改革を縦軸にすえながら、誕生から初等教育期までの子どもを対象とした職種、保育士や幼稚園教諭、保育教諭だけでなく、小学校教諭や特別支援学校教諭、そして保育者や教育者を目指す学生がともに学ぶ保育・幼児教育・初等教育のテキストを目指して編纂した。

第1章では、人生のはじまりの時期の重要性を「非認知のちから」を軸に示し、子ども時代がなぜ大切であるのかを明確にした。第2章では、世界の保育の動向を OECD の Starting Strong 事業から詳細に示し、乳幼児教育の重要性と今後の鍵となる「保育の質」について明らかにしている。

　これらを受けて、第3章で現在の日本の保育・初等教育の現状と教育改革の方向性を示し、第4章では保育・初等教育の方向性を、保育所保育指針や幼稚園教育要領の変遷を踏まえて解説した。第5章では保育・教育を支えた人たちにも着目しながら世界と日本の保育・教育を歴史的に振り返り、第6章では保育・幼児教育の特質を「子どもの育ちを支える関係性」に焦点を合わせて整理している。

　第7章では子どもにとっての遊びの意義を、保育実践と子どもの経験から明らかにし、第8章では子どもが育つということは地域も育てていくこととなり、世界とつながり平和の礎を築くことであるということを、保育・教育の本質から明確に示している。

　本書を通して、長く理解されずにきた乳幼児期の遊びの意義、保育や幼児教育の本質を、誕生から生涯にわたる教育体制に的確に位置づけ、乳幼児教育や初等教育に携わる読者へのエールとしたい。同時に、これから保育者・教育者を目指す読者の基礎的テキストとして、日本の子どもたちの保育・教育に携わる皆さんの進むべき道に寄り添う書物でありたいと願っている。

　終わりに、本書の出版にあたって、快く執筆を引き受け、お忙しいなか玉稿に尽力された諸先生、構想の段階から終始、一方ならぬご苦労をおかけした森口恵美子さまはじめ、井上貴文さまほか八千代出版の皆さま、皆さまの力なくして本書は日の目を見ることはありませんでした。ここに深く感謝の意を表します。

　2018年4月

編著者・吾田　富士子

目　　次

第 1 章

子ども時代はなぜ大切なのか？
―人生のはじまりの時期の重要性―

第1節　人生のはじまりの時期が持つ特別な意味

1　「育てられること」を前提に産まれてくる赤ちゃん

　大人に抱っこされたり、おんぶされたりしている赤ちゃん。日常的な赤ちゃんの姿であるが、立つどころか、おすわりも寝返りも自力ではできないというのは、とても不便な姿である。実は、人間には母親の胎内から早く外に出てくるという「生理的早産」という特徴があり、人間の赤ちゃんは他の生き物の赤ちゃんと比べて身体運動能力が大変に未熟である。その背景には、人間が進化の過程で大きな脳を持つようになり、また、二足歩行をはじめたことが関係していると考えられている。大きな脳を持つ人間の赤ちゃんは、母体内でも脳の発育が進むために頭が大きい。一方、二足歩行になることで人間の骨格には変化が生じ、出産時に赤ちゃんが通る産道が狭くなった。産道を通り抜けるぎりぎりの大きさで産まれてくる胎児は、脳も身体も発育の「途中」で産まれてくるともいえよう。そしてこれは、産まれた後に、手厚い養育を受けることが必要であることを意味している。赤ちゃんは、親や家族、保育者などに育ててもらうことを前提に誕生するのである。

　乳幼児期は、長い人生を生き抜くうえで欠かせない健康な身体の基礎が形作られる時期であり、誕生後に授乳や食事でしっかりと栄養を与えられ、体温の保持、十分な睡眠、適度な運動、清潔の保持など適切な養育を受けることが必要である。保育では「養護と教育を一体的に行う」とされるが、特に発達早期の0歳、その後の1～2歳においては、養護的かかわりが生命の保持と成長のために必須である。乳児にかかわる際には、人は育てられることを前提に産まれてくるということを思い出し、必要となるかかわりを丁寧に行うことが求められる。

2　養育者との心理的な絆の形成

　養護的かかわりでは、生命の保持とともに情緒の安定を図ることが目的とされるが、実際に乳児は食事や睡眠、排泄などの世話を受けながら、自分を養育してくれる大人との間に心理的な絆を築いていく。特に、怖さや不安を感じるような事柄に出会ったとき、幼い子どもは自分の気持ちを一人では立て直すことができない。そのため、大人に抱きしめてもらうなど、あたたかさを感じるような身体的な接触を通して、波立った気持ちをなだめてもらい、落ち着かせてもらうことが必要となる。ネガティブな心理的状態から、養育者との身体接触を通して「もう大丈夫」「安心だ」という平静な状態に回復するプロセスは、子どもが養育者に向けるアタッチメント（愛着）と呼ばれる（Bowlby 1969・1982）。幼い子どもが、親や保育者など自分をいつも養育してくれる特別な大人をまるで「基地」のようにして、玩具や遊具で遊んでは、ときに大人の傍らに戻り、しばらくするとまた

遊びに出かけていき、また戻ってきては遊びにいく、といった姿を目にしたことがあるだろう。子どもは、養育者を安全の基地としながら、世界を自律的に探索するようになっていく。アタッチメントは、より広い意味では、養育者との日々のやりとりを重ねながら安心感や安全感を感じて形成していく心理的な絆と考えられる。

　子どもは、養育者、保育者と毎日の具体的なやりとりを積み重ねながら密なる心理的な絆を形成していき、その過程で、このようなときにこの人はこうするだろう、自分はこのように扱われるだろう、といった期待や予想、主観的な確信を持つようになってくる。こうした子どもなりの期待、予想、確信は「内的作業モデル」と呼ばれる。安定したアタッチメントが形成されている子どもには「この人は何かあったときには自分を保護してくれる」という相手への信頼感と、同時に、「自分は助けてもらえる価値のある存在なのだ」という自分への信頼感が育っている。アタッチメント理論では、発達の早期に形成された内的作業モデルが養育者以外の他者との関係の築き方や、子ども

	1	2	3	4	5	6	7	8
高齢期 VIII								統合 対 絶望・嫌悪 **英知**
成人期 VII（中年期）							ジェネラティヴィティ 対 停滞 **ケア**	
成人前期 VI						親密性 対 孤立 **愛**		
青年期 V					アイデンティティ 対 アイデンティティ混乱 **忠誠**			
学童期 IV				勤勉性 対 劣等感 **適格**				
遊戯期 III			自主性 対 罪悪感 **目的**					
幼児期初期 II		自律性 対 恥・疑惑 **意志**						
乳児期 I	基本的信頼 対 基本的不信 **希望**							

（出典）鈴木忠・飯牟礼悦子・滝口のぞみ（2016）『生涯発達心理学—認知・対人関係・自己から読み解く—』有斐閣、p. 10、図1-3。

図1-1　エリクソンの漸成図式（エリクソン・エリクソン 2001）

個人の行動、情報処理、記憶などのあり様に長期的に影響を与え続けていくと論じられている。つまり、乳幼児期に養育者から子どもの要求に適切に応じるような丁寧であたたかいかかわりを受け、養育者や保育者との間に安定したアタッチメントを形成できることが、その子どもの人生において、より広い人間関係にも長く肯定的な影響を持ち続ける可能性があるということである。

　乳児期における大人との関係を通した信頼感の獲得の重要性は、エリクソンの理論にも認められる。Erikson et al（1982）は人が生涯発達するという視点を持ち、ライフサイクルについて説きながら、一生を大きく8つの段階に分類して連続的に配置した発達段階モデルを示した（図1-1参照）。そして各段階には、達成することが望ましいとされる「発達課題」が設定されている。乳児期には「基本的信頼　対　基本的不信」という課題が示されており、たくさんの人がともに生きている社会、そして、社会のなかで生きていく自分に対する基本的な信頼感を人生のはじまりの時期にしっかりと持つことができることが肝要だと考えられている。生を受けたすべての子どもたちが、世界を安全だと感じ、自分と他者に対する信頼感を持って希望とともに歩みを進められるように、子どもにかかわるすべての大人には人生のはじまりの時期を大切に扱うことが求められよう。

3　社会と個人にとっての人生早期の意味

　上で見たように、長い人生を生き抜くために必要となる心身の基礎が作られるという意味で、発達早期は子ども個人にとってきわめて重要である。一方、子どもは母親、父親、保育者や先生などとの直接的なやりとりに加え、地域や社会全体からの直接的、間接的な養育、教育的かかわりのなかで育っていく（図1-2）。さらに子どもの発達は、住まう国の文化や制度、加えて、世界中のさまざまな文化、経済状況、国際的動向などの世界構造からも直接的、間接的な影響を受けており、ブロンフェンブレンナー（1996）は社会システムが入れ子になって子どもの発達を取り巻いていることを示している。そこで次に視点を広げて、個人にとっての乳幼児期の意味に加えて、われわれが生きている社会にとって人の乳幼児期がどのような意味を持つのかを考えてみよう。

　発達早期の子どもの育ちは、さまざまな社会的制度によって支えられている。例えば、乳幼児健診では、生後4ヶ月、半年、1歳など、子どもが住まう自治体において定められた月齢ごとに、子どもの発育状態の確認や子育てをしている養育者、家族からの相談受付などが行われている。また、乳幼児の医療費助成を設けている自治体も多く、受診にかかる家庭の負担を軽減することで乳幼児の健康を守る社会的な仕組みを作っている。短期的には乳幼児が必要とするときに必要な医療的ケアを受けることができるように支える制度であるが、長期的には、早期の適切な受診により疾病の完治ならびに症状の長期化、重篤化を防ぐことができ、結果的には社会に健康な子ども、そして大きくなった健康な成人が増えることを通して、社会全体の医療費を抑制できるといった効果が期待されている。子ども個人にとっても、また、社会全体の経済にとっても、乳幼児期の健康が大切なものとなっていることが分かるだろう。

　健康・医療面に加えて、近年、就学前（小学校への入学前）という発達早期に行われる教育についても、個人と社会の双方に与える大きな意味が注目されている。そこで次に、有名な教育的介入に関する長期追跡調査を紹介しよう。この一連の介入と調査は「ペリー就学前計画」と呼ばれるもので、1960年代、アメリカ・ミシガン州において、貧困、教育上のリスクがあると考えられた地域の家庭を対象に、大がかりな社会的実験がはじまった。この地区に居住している就学前の子どもを持つ家

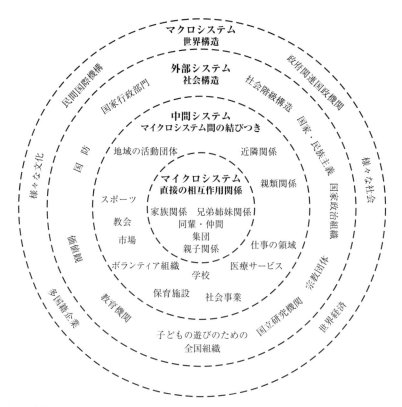

マクロシステム
世界構造

外部システム
社会構造

中間システム
マイクロシステム間の結びつき

マイクロシステム
直接の相互作用関係

民間国際機構　国家行政部門　社会階級構造　国家・民族主義　政府関連国政機関

様々な文化　国防　地域の活動団体　近隣関係　様々な社会

スポーツ　親類関係　国家政治組織

教会　家族関係　兄弟姉妹関係
同輩・仲間
市場　集団　仕事の領域
親子関係

価値観　ボランティア組織　医療サービス　宗教団体

学校

多国籍企業　保育施設　社会事業　世界経済

教育機関　国立研究機関

子どもの遊びのための
全国組織

（出典）小嶋秀夫・やまだようこ（2014）『生涯発達心理学』放送大学教育振興会、p. 96、図6-2。

図1-2　子どもを取り巻く入れ子状の社会システム（ムーア 1989）

庭は、「実験群（小学校に入る前に教育的な介入を受けるグループ）」と「比較対照群（特別な介入を受けないグループ）」に割り振られ、「実験群」になった家庭に対してのみ、さまざまな教育的介入が行われた。実験群の子どもは、（介入がなされなければ経済的に通うことができなかったであろう）幼稚園に通って幼児教育を受けることになり、同時に、子どもの育ちに関する専門家が各家庭を訪問して養育者や家族に対する教育が行われた。こうした、社会による子どもと家族への教育的介入は、子どもたちの人生にどのような効果をもたらすのだろうか。子どもが大人になるまで定期的に追跡調査が行われ、子どもの心身の発達の状態、生活状況について、「実験群」と「比較対照群」の比較が行われた。調査はきわめて長期間にわたり、驚くべきことに40歳の時点において、「実験群」にいたかつての子どもたちの方が「比較対照群」よりも収入が高く、生活保護を受けることが少なく、自分の家を持っている割合が高い、そして、逮捕者の割合も少ないといったことが明らかとなったのである（Heckman 2013）。

　この調査結果からは、子どもが小学校に入学する前にはじまった介入が、その個人のなかで何十年にもわたって肯定的な効果を持っていたことが示唆される。人生早期の社会的環境、教育を受ける環境は、個人の人生に長く影響を与えることが示されている。また、この調査は、教育的介入を行うことの効果が最も大きく認められる「時期」の分析を行い、それが人生早期の乳幼児期であることを示したことで注目されている。社会的介入の「効果」の指標として、社会が家庭、地域に対して行う公的介入に必要となるコスト（例えば、教育プログラムの実施や専門家を配置するのにかかる金額な

ど）と、その介入によって得られる社会全体のメリット（例えば、生活保護費の縮小、所得の向上による納税の増加など）の比較が挙げられる。こうした分析によると、乳幼児期の介入実施は、人生における他の時期、例えば青年期や成人期に行う介入よりも大きな効果をもたらすという（Heckman 2013）。このように、社会政策という大きな視点に立った経済学研究からも、近年特に、人生早期の重要性が強く唱えられている。

第2節　乳幼児期に育つもの―認知と非認知のちから―

1　認知的なちからの育ち

　前節では、誕生から乳児期、幼児期という人生早期が個人の人生において、また、広く社会においても大きな意味を持つ時期であることを述べた。では、この時期に、子どもたちにはどのような育ちが進んでいるのだろうか。最も分かりやすく進む発達の一つに、身体運動能力が挙げられるだろう。先述のように、人間の乳児の誕生時の身体運動能力はきわめて未熟であり、寝た姿勢で、重い頭を自分で支えることもままならず、寝返りもできない。しかし、誕生後の約1年には目覚ましい発達があり、首が据わり、寝返りをして、おすわりができ、ハイハイや歩行ができるようになっていく。このような乳幼児期の身体の発達は、子どもの心の発達とも密接にかかわっている。一度、乳児になったつもりで仰向けに寝転んでみて、腹這いの姿勢、座ったときの姿勢で見える世界との違いに意識を向けてみてほしい。自分で頭を支えて寝返りをしたり、おすわりの姿勢をとったりすることで、乳児の視界はぐっと変化する。興味のある方向に自分で姿勢を向け、見たい物を見ることができるという楽しさ。ハイハイで大好きな母親に近づくことができるという嬉しさ。立ち上がって玩具に手が届いたという達成感。身体の動きに伴って広がる経験が、心のなかにさまざまな気持ちを育み、頭のなかにさまざまな記憶や考えを生む。それらがまた次の身体運動の動機ともなりながら、身体と内面の育ちが飛躍的に進んでいく。そこで、この節では、乳幼児期の子どもたちの内面に、どのような育ちが認められるのかを少し詳しく見ていくことにしよう。

　まず、言葉の発達は子ども本人にとっても、周りの大人にとっても大きな育ちの印となる。発達早期の乳児が示す言語の音の聞き分け能力は、実は大人のそれをはるかに勝っているなど、乳児の言語理解は早くから進むのであるが、ここでは話し言葉の育ちについて見てみよう。乳児は喃語と

いって泣き声とは異なる発声をすることで、生後数ヶ月からすでに「話している」。ただし、初語と呼ばれる、大人と同じ言葉の音を、意味を伴う形で使用しはじめるのは、一般的に1歳前後となる。その後、話すことができる単語は増え、1歳前半では一語文（パパ、など一つの単語で「パパがいる」「これはパパのくつ」など意味を伝えようとする表現）が多いが、その後は単語を組み合わせて長い文章を話すようになる。理解できる単語も増え、物理的な物の名前（コップ、ワンワン、など）から、抽象的な事柄（今日、など）、概念（あったかい、など）など、具体的な事物以外にも幅広く理解ができるようになる。幼児期になると、話すだけでなく、読んだり書いたりする言葉として文字の使用や理解も進む。こうした語彙の理解と使用、さらには文字の理解と使用といった言語能力の発達は幼児期にわたって著しく進み、言語はそれ自体の理解や使用だけでなく、言語を使った内的な思考へつながるなど（Vygotsky 1986）、児童期以降の生活と育ちにおいても重要な基礎となる。

　さらに乳幼児期には、数の概念を理解し、数を使って数える、「足す」「引く」といった現象や考え方が分かるという育ちも進む。物の重さや量に対する理解も認められ、「大きい」「小さい」「多い」「重い」といった概念を獲得している様子が、言語の使用だけではなく、遊びや食事の際の行動にも認められるようになる。加えて、簡単な物理的法則（物が落ちる、物がぶつかると止まる、など）への気づきや、それを理解したふるまいも認められるようになる。乳児が、紐を引っ張って紐の先にある玩具が転がる様子をしげしげと見つめ、何度も紐を引くような姿を目にしたことはないだろうか。大人には同じ行動をただ繰り返している「子どもじみた」行為に見えるかもしれないが、子どもなりに自分の行為と、その結果の因果関係を見つけ、何度もその関係を試しているのである。認知心理学の父と呼ばれる著名な研究者であるピアジェ（1978）はこうした子どもの様子に着目し、子どもが物や空間、そして時間といった環境について疑問に思ったことを、実験を通して確認し、知識を作り上げていくと考えた。ここでいう「実験」とは、先に例に挙げた、紐を引くとか、物をつかんでいた手を開いてみる、手で握ってみる、といった身体的な運動による、いわば「遊び」のような行為を指す。ピアジェの発達理論では、乳児期の子どもは身体を通した具体的な経験や試行錯誤を通して知識を獲得するが、やがて、幼児期、児童期と成長する過程で頭のなかで抽象的な事柄を考えたり推論したりすることができるようになっていくことが示されている。抽象的事柄、というと難解に聞こえるかもしれないが、実際に幼児は、社会的な規則（決まりごとやルール）を理解しはじめ、例えば集団生活のなかで順番を守るといった決まりごとに従ったり、ルールのあるゲームを楽しめるようになったりする。具体的に目には見えない規則やルールを頭のなかに置き、また、知識や自身が経験した事柄の記憶に基づいて、事象を予測したり推測したりすることもできるようになるのである。

　ここまで見てきたように、乳幼児期にはいわば知的な活動に必要となる基礎的なちからが芽を出し、勢いよく伸びていく時期である。上で触れた言語や数にかかわる理解と使用、法則性や規則性に関する理解、知識や経験に基づく物事の理解や推論といった内容に関して、近年、それらはしばしば認知的なちからと表されるようになっている。例えばOECD（経済協力開発機構）といった国際機関は、われわれ人間が持つさまざまなちからに注目し、それが個人の健康や幸せ、ならびに、社会の発展につながるとして、教育に関する国際的議論を行っている。そのなかで、人間が持つ多側面のちからを、大きく「認知的なちから（cognitive skills）」と「非認知的なちから（non cognitive skills）」に整理している（OECD 2015）。このうちの認知的なちからは、知識、思考、経験を獲得する

能力であり、獲得した知識をもとにして解釈したり考えたりするものと想定されており、生涯にわたって、物事を学び、考え、自ら新たなアイデアを生み出しながら自律的、積極的に活動する際に欠かせないものである。こうしたさまざまなちからについての整理は、乳幼児期のみを対象としたものではなく広く人間全体についての大きな概念整理となっているのだが、上で見たように、認知的なちからの基礎的な部分が、乳幼児期の日々の経験のなかで少しずつ着実に育まれていくということに、改めて意識を向けておく必要があるだろう。

2　非認知的なちからの育ち

　認知的なちからの育ちと同時に、乳幼児期には非認知的な側面の育ちも顕著に認められる。非認知的という表現が指す範囲は広いのだが、なかでも人間が自己実現を図りながら他者と一緒に円滑で適応的な社会生活を送っていくことに欠かせない社会情緒的（social and emotional）なちからは、その中核となる。以下、このちからの内容を見ていこう。

　乳幼児期は、自己と他者の理解がはじまり、豊かな人間関係の形成と維持に必要となる多くのちからの萌芽と発達が認められる。自己理解の領域について、他者とは異なる、ほかにはない「自分」という存在への気づきは1歳半前後に見られ、自分の身体、自分の名前、所有物といった具体的で目に見える「自分」や「自分」が関係するものへの理解がはじまる。やがて、自分の性格や内面の特徴についての気づきも深まり、自分の得意なことや好きなことを話したり、他者と比べたときの自分の特徴について気づいたりするようになる。

　また、自分自身の体験として感情に関する発達が認められる。誕生後間もない頃は、大きく「快」「不快（苦痛）」という感情的反応を示すが、生後7、8ヶ月頃には喜び、悲しみ、嫌悪、怒り、恐れ、驚き、といったさまざまな内容を感じていると考えられている。さらに、1歳半以降には先に触れた自己の発達と相まって、自己意識的感情と呼ばれる感情が芽生える。例えば、他者に自分が見られているという状況において「照れ」を感じるようになる。2歳、3歳と大きくなり、自己の内面の理解や他者理解の発達も見られるようになると、自己評価がかかわる感情である「誇り」という感覚や、うまく行かなかったときの「恥」や「罪悪感」など、さらに複雑な感情が芽生えるようになってくる（Lewis, et al 2010）。例えば保育園や幼稚園での「発表会」など観衆の前で歌や劇などをす

る場面では、それぞれの年齢で抱く感情の育ちの違いもあり、まだあまり「見られている」という意識が薄くのびのびとふるまう時期、恥ずかしさや誇らしさがない交ぜになる時期、とさまざまな子どもの表情を見ることができるだろう。

　一方、他者の感情を理解するちからも乳幼児期に大きく育つ。悲しみや驚き、喜びといった顔の表情の理解は新生児でも可能であり、生後3ヶ月頃には、他者の話し方に含まれる感情的トーン（怒りの調子や肯定的な気持ちでの話し方）も理解をしており、乳児はかなり早い時期から他者の感情に敏感なようである。感情を表す言葉の理解や使用がはじまると、3歳頃から顔表情と「嬉しい」「悲しい」といった表現を結びつけて理解する様子も見られるようになる。また、3歳から5歳にかけて「はなちゃんはプレゼントをもらったとき、どんな気持ちになるかな？」といった簡潔で典型的な文脈を提示すると、その人物の気持ちを推測できるようになり、状況に結びつけて他者の気持ちを推し量ることが見られはじめる。ただし、同じ状況でも人によって感じ方が違うという複雑な場面、例えば、自分はトマトが大好きだがお友だちはトマトが嫌いであるときに、トマトをもらったお友だちがどのような気持ちになるか、というような場面での他者理解は、少し遅れて徐々にできるようになっていく。

　感情は私たちの記憶や情報処理に影響しながら生活に彩りを与えるものであるが、一方で、ときには、強過ぎる感情を適切に扱い、自分の感情と文脈との折り合いをつけるような、感情調整、あるいは感情制御というちからも必要となる。先にアタッチメントについて示した際に触れたように、発達早期には、特に強い不快、不安、悲しみ、恐れなどの否定的感情からの立ち直りに、大人の助けを必要としている。不快や不安の原因を取り除いたり、あたたかく抱きしめてもらったりといった周囲の助けを借りながら、子どもは自分の感情に圧倒されずに、落ち着きを取り戻す感覚を身につけていく。したがって例えば、大声で泣き続けている子どもは、強い感情との向き合い方について手助けを必要としているのであり、「子どもだから泣いている」と見放すのではなくて周囲の親や保育者の適切なかかわりが重要となってくる。他者と一緒に気持ちを立て直す経験を積み重ねながら、徐々に、自分のちからで感情を整える発達が進んでいく。

　感情の制御に関連して、特に幼児期に大きく発達する子どものちからに、自己の調整コントロールに関するものがある。調整が必要な例として、上記のような強い否定的感情だけではなく、まだ遊びたいけれども片づけなくてはならない、今すぐ食べたいけれどもおやつの時間まで待たなくてはいけない、というような場面が挙げられるだろう。こうした場面で必要となる、いわゆるセルフコントロールのちからは幼児期に大きな成長が見られる。また、その状況でとっさに出てきやすい行動、あるいは、いつもすることに慣れているような優位な行動を抑制して、やりにくい劣位な行動を産出する（抑制機能）というちからや、行動を柔軟に切り替えて状況に応じて別の行動をする（切り替え）ちからも、幼児期に発達する。セルフコントロールや抑制、切り替えには脳の前頭前野の発達が関連しており、いずれも3歳から、4、5歳頃にかけて発達が認められる（森口 2012）。一般的には、それよりも幼い子どもにとって抑制や切り替えは簡単なことではないわけだが、集団生活のなかではセルフコントロールが必要となる場面を経験できる機会も多いだろう。単に「がまんする」「行動をしてはいけない」というコントロールではなく、子ども自身が必要なときに適切な行動を自律的に選択して行うことができるようになる発達を、周囲の大人が、必要な手助けや、子どもに伝えるための親切な説明などを用いながら、ゆっくりと支えていくことが求められよう。状況

に応じて自らのふるまいを調整し、結果的に自律的に活動する経験を積むことで、子どもには自信、自尊心の芽も育まれていくだろう。

　このように、非認知的なちからのなかでも特に重要となる社会情緒的なちからには、自分や他者、そして自他関係に関する発達が含まれ、それらは互いに影響しながら育ちが進んでいく（国立教育政策研究所 2017）。OECD（2015）では、社会情緒的なちからのなかに、目標を達成するちから（例：忍耐力、意欲、自己制御、自己効力感など）、他者と協働するちから（例：社会的スキル、協調性、信頼、共感）、そして感情を制御するちから（例：自尊心、自信など）が含まれるとし、それらを備えることが個人の幸福な生活ならびに社会の発展に寄与すると論じられている。OECD の整理は乳幼児よりももう少し年長の子ども、青年や成人が備えるちからを示したものになっているが、乳幼児期は社会情緒的の基礎的な部分がかなり広範囲にわたって発達し、また、基礎的とはいえ重要な土台の部分が育つ大切な時期である。

第 3 節　人生のはじまりの時期の発達を支える環境

1　非認知のちからと人生

　乳幼児期にはさまざまなちからの萌芽と基礎が育つことを概観したが、上で触れた言語能力、数や法則性の理解などの認知的なちからには、その後の学業につながる要素が多く含まれている。児童期以降には学校教育場面における教育と学習において、さらなる伸張が図られることになる。非認知的な側面である社会情緒的なちからは、自己、他者、そして自他関係に関する信念や態度、能力として、乳幼児期の育ちを基礎として持続していく部分、児童期以降にさらに複雑で高度な内容へと変化していく部分を含みながら、その子ども個人の生活において大きな意味を持っていく。青年を対象にしたものではあるが、認知的なちからと非認知的なちからの双方は、個人の人生においてどのような働きをしているのかを探る分析がなされている（OECD 2015）。その結果によると、認知的なちからを高く持っていると、その後、大学など高等教育へ進学しやすく、就職をして、より高い賃金を得るようになりやすいということが示された。一方、非認知的なちからが高いと、個人の身体的健康と精神的健康の状態がよく、問題行動が少ないこと、個人が主観的に感じているウェルビーイングが高いことと関係していた。「よい人生」の指標は数あるが、高い教育を受けること、就労し収入を得て自律的に生活を構成すること、心身ともに健康で幸せな生活を送ることは、望ましい人生のいくつかの姿を含んでいるだろう。認知的なちからと、非認知的なちからはそれぞれが人生の異なる側面を予測しており、どちらも重要なちからであることが分かる。

　ただし、旧来、よりよい人生や成功には、IQ に代表されるようないわゆる知的な賢さといった認知的なちからを高く持つことが重要である、という見方が強かったのに対して、近年は、むしろ非認知的なちからの方が人生に与える影響が大きいのではないかとして重視されるようになっている。先に述べた「ペリー就学前計画」の分析結果も、非認知的なちからが持つ意味の大きさを示唆している。この計画に参加した実験群と、比較対照群の子どもたちを追跡調査したところ、介入中は実験群の子どもの IQ が高く、その後数年は実験群の優位が続いた。ところが小学校入学後、両群の IQ の差はどんどん小さくなり、介入終了の 4 年後にはその差が見られなくなった。しかしながら、

40歳代に行われた調査の結果は、かつて実験群に配置された子どもたちの方が、よりよい生活を送っていることを如実に表していた。実験群の子どもたちは、介入開始後の数年のうちこそIQが優れていたが、小学校に入学した後、中学年以降にはIQすなわち、認知的なちからについて比較対照群の子どもたちと差はなかったといえよう。このことから、2つの群の差は非認知的なちからにあったのではないかと指摘されている。すなわち、就学前という人生早期に行われた教育的介入は、実験群の子どもたちの意欲、物事に取り組む粘り強さ、他者との協調性などの非認知的なちからの成長を促し、それが、介入が行われた後の長い人生の質を変えていったのだと考察されているのである（Heckman 2013）。

　続けて、人生早期の非認知のちからを実際に測定し、それが人生に及ぼす影響を直接的に分析した研究を紹介しよう。先にセルフコントロールについて説明したが、そのなかに「満足の遅延」と呼ばれるちからがある。具体的な場面としては、子どもの目の前に魅力的なお菓子が一つ、用意される。そして、今すぐその一つのお菓子を食べてもよいけれども、先生（実験者）が一度部屋を出て用事から戻ってくるまで食べるのを待っていられたら、お菓子をもう一つ追加してあげましょう、というものである。今すぐ一つのお菓子という報酬を得るか、即時の満足を先延ばしにして、より大きな報酬を得るか、という選択になる。お菓子としてマシュマロが使用されたことから「マシュマロ・テスト」と呼ばれるこの実験課題が、今から50年ほど前に160名を超える4歳児を対象に実施された。さて、マシュマロをすぐに食べた子どもたちと、少しがまんをして2つのマシュマロを食べた子どもたちは、その後、どのような人生を歩んだのだろうか。成人になるまで長期的に子どもたちを追いかけた研究の主な結果を見ると、マシュマロをすぐに食べずに待てた子どもは、そうでない子どもに比べて、10歳時点で言語能力、合理的思考、注意力、計画性、フラストレーションへの対処に優れており、その後、17歳時点では大学進学のための適正試験の成績が優れ、20歳時点での自己制御能力、社会的能力、自尊心が高かった。さらに39歳時点では身体的健康についても検討が行われ、かつてマシュマロを食べるのを待つことができた子どもの方がBMIが低いことも明らかとなった。一連の研究をまとめた書籍は『マシュマロ・テスト―成功する子・しない子―』という日本語タイトルで翻訳されているが、上述の各指標が人生の成功を代表するか否かはさておき、4歳時点における「満足の遅延」のちからが、人生の各時点で、長きにわたって、社会情緒的なち

からや健康状態を予測するものであったという結果は注目に値するだろう。加えて、ニュージーランドで実施された1000人を超える対象を3歳から成人期まで追いかけた研究でも、3歳から5歳の時期に見られたセルフコントロールに関するちからの発達状態が、その個人が30歳代になったときの健康や、社会経済的地位、所得や貯蓄額を長期的に予測することを示している（Moffitt, et al 2011）。

　このように、近年は長期的な追跡研究の結果が相次いで報告され、それらは、発達早期の非認知のちからが、人生において大きな意味を持っている可能性を指摘している。これまでは、いわゆる知的な頭のよさ、例えば高いIQを持つことや、勉強をして高い学業成績を修めることが人生の成功につながるという見方が強く、特に教育場面においても、認知的なちからの伸張に力点が置かれてきた。それに比較すると、非認知的なちからは教育あるいはそれに関する政策の議論においても「過小評価」されがちであったといえる（OECD 2015）。今後は、非認知のちからについても、正当な注意と関心を払いながら、その発達を支える教育について考えていくことが必要となろう。前節で詳しく述べたように、乳幼児期は、認知と非認知の多くのちからが芽を出し大きく育つ時期である。人生早期の育ちの重要性に関して「ちからがちからを生む（Skills beget skills）」（OECD 2015）という表現がある。これは、今、ちからを育てることが、次のちからの育ちにつながることを意味しており、ちからの育ちは連続的であることを示している。人生の早い段階でのちからの状態が、その後のちからに長期的に影響するといわれるなかで、発達早期の子どもを支え育てる養育環境、教育環境の重要性はますます大きくなっている。

2　人生早期を支える環境の働き

　ここまで見てきたように、人生のはじまりの時期が個人の人生、ならびに、社会にとって持つ意味は、さまざまな研究知見に裏づけされながら、かつてなく大きく重要なものと認識されるに至っているといえるだろう。そして、幼い子どもの育ちを見守り、支え促す保育や教育が担う役割もまた重要性を増している。ここでは保育者、教育者に持っていてほしい、いくつかの視点を示して章を結ぶこととしたい。

　まず、本章では、人生早期からはじまる子どもたちの育ちの内容を、大きく認知と非認知のちからに整理して示した。現代社会において子どもたちが人生を主体的、自律的に歩み、社会的生活を円滑に送るためには、認知と非認知のちからをバランスよく備え、双方を包括的に使っていくことが重要となろう。保育や教育においても、健康な身体を持ち、認知と非認知のちからを備えた子どもの育成が目指される。ただし本来、認知と非認知の両側面は完全に区別されるものではなく、互いに強く関係し合っている。そして両側面の発達には、子どもの身体の発達が密接に関係している。各側面の発達や、そのちからの行使は互いに連動し合っており、子どもの状態や育ちを捉える際にも、子どもの姿を全体として見る視点が重要であろう。

　次に本章では、認知のちから、非認知のちから、など「ちから」という表現を使用した。この表現について考えることを通して、子どもの姿と育ちを理解するための視点を広げてみたい。われわれ人間は育ちの過程において、さまざまな「能力」を備え、いろいろなことが「できる」ようになっていく。そのなかで、例えば言葉を覚えたり、文字を書いたり、計算をしたりする能力は、教育のなかでもさらなる伸張が図られ、その能力が高ければ高いほど優れていると評されるものであろ

う。一方で、自己主張、という能力はどうであろうか。主張できればできるほどよい、と考えられるだろうか。社会生活においては、いつでもどこでも自己を主張すればするほどよいというわけではないだろう。人間には、より高く、より豊富に持つことが望ましい、適応的であると考えられるような能力に加えて、「高ければ高いほどよい」という価値づけがなじみにくいちからがあると考えられる。そして特に、非認知のちからには、持てば持つほどよい、高ければ高い方がよい、という価値がなじみにくい内容が多く含まれている。こうした考えから、本章では「能力」ではなく「ちから」という表現を使用し、「ちから」には、能力に加えてさまざまな行動、態度、認識、理解、信念、知識、特性などを含むものとした。

　さらに、「ちから」に関して記しておきたいことがある。それは、私たち人間は生まれながらにそれぞれが特徴を持っており、その特徴と、産まれた後に備えていくさまざまなちからが相互に関連しながら、その個人の生活のなかで発揮されていくということである。生得的な特徴として代表的なものに「気質」がある。例えば、新しいものに積極的に近づく性質なのか、新奇なものから距離を置く性質なのか、音や光に敏感な方なのかそうでないのか、空腹や睡眠のリズムが安定している方なのか否か、機嫌や気分は一定、安定している方なのか変化しやすい方なのか、など、それぞれの個人には生まれながらに特徴がある。気質をはじめとする生得的な特徴と、生後のさまざまな経験や学習、環境からの影響が相まって性格やその他の個人の特徴が徐々に形成されていくと考えられる（なお、非認知能力にこの気質や性格を含めて議論がなされることがあるが、気質や性格が「能力」であるのかは、慎重に考える必要があるだろう〔国立教育政策研究所 2017〕）。保育や教育を行う者は、子どもの発達過程や発達段階についての理解とともに、子ども一人ひとりの個人差にも留意しながらかかわりを行うことが求められる。その個人差は、新しいちからの獲得における早さや熟達度の違いのみならず、もともとその子どもが有している特徴の差によるものも大きい。特に、非認知のちからの教育にあたっては、一人ひとりの子どもの特徴、それぞれが生活している文脈に沿ったかかわりが、本来的には求められる。例えば、自己抑制のちからを育む取り組みがなされたとして、衝動性や活動性が高い子どもには適切な教育の機会になるであろうが、一方で、もともと大人しく引っ込み思案な特徴を持つこどもにとっては、必要以上に消極的な姿勢を促してしまうかもしれない。

　また、個人差として「できるかできないか」という差だけでなく「どのようにするか」という点にも留意が必要である。例えば自己表現としてクッキーがほしいときに、「ほしい」と大人にいう子ども、何もいわずにクッキーの在り処を目指す子ども、ほしいとは直接的にいわずに「クッキーはどこ？」と聞く子ども、とそれぞれの表現があるだろう。その表現の仕方はどれが優れている、と簡単に評価できるものではない。例えばきょうだいや子どもがたくさんいる環境においては、お互いが「ライバル」になるわけで、「ほしい」といわずに（むしろ黙って迅速に）目的の物を入手する方が適応的であるかもしれない。子どもが示す行動や表現は、一見、大人の目には未熟であったり不適切であったりするように見えても、徹底的に子どもの置かれた環境や立場に視点を合わせて理解しようとすると「理にかなっている」ことが多いものである。特に非認知のちからは、周囲の環境に合わせたさまざまな発揮の仕方があり、一人ひとりの子どもの様子を丁寧に理解したうえでのかかわりが肝要となろう（コラムも参照）。

　最後に、子どもの育ちを取り巻く環境として、養育者や家庭環境の特徴は非常に大きな影響を持っている。家庭環境が子どもの育ちに対して支援的で、あたたかいものであることが望ましいが、

育ちの「でこぼこ」をユーモアで包む

　わが家の娘は、9ヶ月になっても寝返りをしなかった。ハイハイは夢のまた夢で、まったく動かなかった。彼女の生活は、仰向けで寝転ぶか、どんと座っているかであった。そんな彼女は9ヶ月頃、突然、「きいえーーーー!!!」と叫ぶようになった。小さな体からは想像できない音量と、高音の叫びの連発に、さすがに何事かと心配になった私は、保育所の先生に相談をした。先生は「ソプラノ歌手になるのよねー。今日もいっぱい練習しようねー」と娘に微笑んだ。ソプラノを聴くこと1ヶ月、彼女はある日、すくっと立ち上がった。「あれ？　寝返りは？　ハイハイは？」と戸惑う親を尻目に、彼女はつかまり立ちを習得。そして気づくと、ソプラノは聞こえなくなっていた。先生は、「動けるようになって、好奇心や探検心が満たされたのね」と、また微笑んだ。途上の運動発達と、世界への興味の高まり。娘のさまざまな行動が小さな体のなかで微妙なバランスをとっていることを、先生は見通していた。そして先生は、娘の育ちのでこぼこと、親の心配を丸ごと、ユーモアで包んでくれた。2歳前の娘は今、何でも「自分でやるー」と唸り、アルトパートの練習に励んでいる。

　一方で、さまざまな困難や課題を抱えた厳しい家庭環境に育つ子どもも少なくはない。そして、そうした厳しい環境は、子どもの育ちを阻害し、ゆがめてしまうことがある。例えば虐待が及ぼす子どもへの否定的影響は数多く指摘されており、脳の発達を阻害することやアタッチメントの形成に大きな問題が見られることが明らかとなっている。また、感情を理解するちからに関しても、被虐待児は家庭内で親の極端な感情にさらされて育つことから、表情理解ができにくかったり、本来は特段に否定的感情を喚起させるようなものではない文脈や状況をも、怒りや悲しみといった否定的感情を引き起こすものだと考えてしまうといった感情理解のゆがみを持ってしまうことが見いだされている。厳しい家庭環境に育つ子どもにとって、家庭外での人間関係や体験が持つ意味はことさらに重要であり、そうした子どもたちにこそ保育所や幼稚園ができることは大きい。実のところ、先に紹介したペリー就学前計画もまた、厳しい家庭環境への早期介入を通して、子どもたちの人生を健康で幸せなものにしようとする試みであり、就学前の教育が一定の効果を持つことを示した例といえよう。さらに、イギリスでの長期縦断研究から、子どもの育ちに、家庭環境の質と保育所や幼稚園といった家庭外における就学前の教育を受ける経験と、その教育の質の高さの双方が影響していることが分かってきた。特に、家庭における学びや遊びに関する環境の質が低くても、質の高い家庭外での就学前教育を経験することが、小学校入学後の学力や自己制御のちからの発達に大きな効果を持つことが報告されている（Sylva, et al 2011）。さらにこのイギリスの研究が、発達早期の教育が持つ効果について、その質が高くなければ、子どもの発達を促す肯定的な影響は認められないことを示した点には、注目すべきであろう。

　以上、本章では、個人と社会にとっての「人生のはじまりの時期」の意味について、特に近年多くの報告が寄せられている長期縦断研究の知見に着目しながら示した。人生のはじまりは、その後の長い人生を自律的に歩み、社会との豊かなかかわりを持ちながら適応的に生きていくために欠かせない多くのちからの育ちがはじまる時期である。そして近年の世界的動向として、非認知のちからの重要性が注目されていることを紹介した。保育や教育にかかわる者は、こうした知見や子ども観、乳幼児観の世界的な動向にも敏感でありつつ、一方で、眼前の子どもたち一人ひとりの姿を自

身の目で見て、手で触れて感じ取るアンテナの精度も磨き続けてほしいと願う。

引用・参考文献

国立教育政策研究所（2017）『非認知的（社会情緒的）能力の発達と科学的検討手法についての研究に関する報告書』国立教育政策研究所

小嶋秀夫・やまだようこ（2014）『生涯発達心理学』放送大学教育振興会

鈴木忠・飯牟礼悦子・滝口のぞみ（2016）『生涯発達心理学―認知・対人関係・自己から読み解く―』有斐閣

ムーア, R. C.（1989）「生命のダンス―子供の発達と屋外遊びのエコロジー―」カロザース, G. A. P. ほか著、藤本陽子訳、黒坂三和子編『自然への共鳴　第1巻　子供の想像力と創造性を育む』思索社

森口佑介（2012）『わたしを律するわたし―子どもの抑制機能の発達―』京都大学学術出版会

Bowlby, J.（1969・1982）*Attachment and Loss Vol. 1 Attachment.* New York : Basic Books

Bronfenbrenner, U.（1979）*The Ecology of Human Development.* Harvard university press（ブロンフェンブレンナー, U. 著、磯貝芳郎・福富護訳『人間発達の生態学（エコロジー）』川島書店、1996年）

Erikson, E. H., Erikson, J. M.（1982）*The Life Cycle Completed*（extended version）. W. W. Norton & Company（エリクソン, E. H.・エリクソン, J. M. 著、村瀬孝雄・近藤邦夫訳『ライフサイクル、その完結（増補版）』みすず書房、2001年）

Heckman, J. J.（2013）*Giving Kids a Fair Chance.* Cambridge, MA : MIT Press（ヘックマン, J. J. 著、古草秀子訳『幼児教育の経済学』東洋経済新報社、2015年）

Lewis, M., Haviland-Jones, J. M., Barrett, L. F.（Eds.）（2010）*Handbook of Emotions.* Guilford Press

Mischel, W.（2014）*The Marshmallow Test.* Little, Brown and Company（ミシェル, W. 著、柴田裕之訳『マシュマロ・テスト―成功する子・しない子―』早川書房、2015年）

Moffitt, T. E., Arseneault, L., Belsky, D., Dickson, N., Hancox, R. J., Harrington, H., et al.（2011）"A gradient of childhood self-control predicts health, wealth, and public safety". *Proceedings of the National Academy of Sciences,* 108(7), pp. 2693-2698

OECD（2015）*Skills for Social Progress : The power of social and emotional skills*

Piaget, J.（1936）*La naissance de l'intelligence chez l'enfant.* Delachaux et Niestlé（ピアジェ, J. 著、谷村覚・浜田寿美男訳『知能の誕生』ミネルヴァ書房、1978年）

Sylva, K., Melhuish, E., Sammons, P., Siraj-Blatchford, I., Taggart, B.（2011）"Pre-school Quality and Educational Outcomes at Age 11 : Low Quality Has Little Benefit". *Journal of Early Childhood Research,* 9(2), pp. 109-124

Vygotsky, L. S.（1986）*Thought and Language.* MIT Press（ヴィゴツキー, L. S. 著、柴田義松訳『思考と言語』新読書社、2001年）

第 2 章

世界の子どもたちの保育・初等教育
―OECD の Starting Strong 事業―

第 1 節　OECD ECEC の歩みとその活動基盤

1　社会情勢と保育政策の変革

　保育学における学術領域には、保育思想、保育史、保育原理、保育内容、保育指導方法、保育課程、保育政策、保育における専門性、保育者養成や現職教育などが挙げられるが、保育学において、ここ数年の保育制度改革ほど、われわれに保育政策への学術的価値を希求したことはなかったであろう。2015 年、東京大学に発達保育実践政策学センターが発足するが、子どもの発達や保育実践の向上のみならず、保育政策までを含んだ学術領域を網羅することの重要性が、このセンター名からも読み取れる。

　2018 年の幼稚園教育要領、保育所保育指針、幼保連携型認定こども園教育・保育要領の改訂をはじめとする、幼保連携、子ども（児童）手当、カリキュラム改正、免許・資格要件・養成課程の見直し（保育教諭の育成）、労働条件の改善、園長・設置者の資格化など、法改正をも必要とする保育政策を取り巻く懸案事項が今も山積している状態である。

　ただ、こうした保育政策の変革の流れは、何も日本の保育界にだけ起こっているわけではない。海外の保育政策を眺めてみると、お隣の台湾では 2～6 歳の幼児園（幼託整合に基づく保育制度）が 2012 年 9 月よりスタートし、また、韓国では 2012 年より 5 歳児共有のヌリカリキュラムの実施と、2013 年からは 0～5 歳児の保育無償化がはじまっている。フィンランドやスウェーデンの幼稚園教諭資格は四年制大学においてのみ付与され（OECD 2012）、アイスランドにおいては修士（学士 3 年、修士 2 年）を修めた者のみが "preschool teacher" と呼ばれる資格制度を敷いている。これら保育政策変革の背景には、「子どもの育ちの保証」や「保育者の社会的地位の向上」などの保育領域に直接かかわる課題だけでなく、「女性の就労」「少子高齢化社会への対応」「貧困からの脱却・格差是正」といった各国が抱える社会事情が如実に反映されており（OECD 2012）、その時代時代の社会情勢の動向に応じてその方向性の変更を余儀なくされる保育界にあっては、政策決定のプロセスにおいて保育学だけにとどまらない各領域・分野を超えての議論が必須となってくる。

　そこで、この章では、上記の社会事情を起点に各国の保育事情を調査し、保育政策・カリキュラム・専門性などにおいてさまざまな分析結果報告を行っている OECD（Organisation for Economic Co-operation and Development：経済協力開発機構）および OECD 乳幼児教育部会（以下、OECD ECEC〔Early Childhood Education and Care〕）の政策提言および報告書に着目し、OECD ECEC の歩みとその活動基盤、設立からこれまでの活動内容（Starting Strong I～Ⅲ）を概説することとする。

2 OECD について

OECD は、1961 年、「世界的視野に立って国際経済全般について協議することを目的」とした国際機関として発足した（http://www.oecdtokyo.org/outline/about02.html）。その前身は、1948 年に欧州 16 ヶ国で発足した OEEC（Organization for European Economic Co-operation：欧州経済協力機構）にあり、日本は 1964 年から加盟している。本部はフランス・パリにあり、2012 年で創設 50 周年を迎えた。OECD には、EU 加盟国を中心に全 35 ヶ国が加盟している（表 2-1 参照）。

OECD はその設立条約第 1 条において、経済成長、開発途上国援助、多角的な自由貿易の拡大、の 3 つを設立目的に掲げているが、国際社会や経済の多様化に伴い、環境、エネルギー、農林水産、科学技術、教育、高齢化、年金・健康保険制度などにその活動の幅を広げている。これらの活動を支えるのが、パリ本部を中心に全世界に約 2500 名が配置された OECD 事務局であり、職員は各分野における専門家と事務官から構成されている。世界最大規模のシンクタンクとしての OECD 事務局は、各国政府代表者からなる理事会での決定事項を受け、加盟国の専門家からなる委員会と協議しながら、国際社会が抱えている課題を研究・分析している。創設 50 周年を機に「よりよい生活のためのよりよい政策（better policies for better lives）」をミッションに掲げ、各専門分野に関しての政策提言を行っている。現在、さまざまな領域にわたって約 250 の委員会が立ち上がっているが、各委員会に所属する加盟国の代表者たちは、まず、それぞれの分野で挙げられた諸課題に対して意見および情報を事務局に提供する。その後、事務局が提示する調査の方向性や分析内容に対して互いに意見交換を行っていく（図 2-1 参照）。こうして、事務局と委員会間で行われる相互審査（ピア・レビュー）に基づいて収集・分析された結果が、政策提言という形で最終報告書として挙げられるの

表 2-1　OECD 加盟国一覧

1961 年設立の原加盟国 20 ヶ国	オーストリア、ベルギー、カナダ、デンマーク、フランス、ドイツ、ギリシャ、アイスランド、アイルランド、イタリア、ルクセンブルク、オランダ、ノルウェー、ポルトガル、スペイン、スウェーデン、スイス、トルコ、イギリス、アメリカ
その後の加盟国 15 ヶ国 （　）内加盟年度	日本（1964）、フィンランド（1969）、オーストラリア（1971）、ニュージーランド（1973）、メキシコ（1994）、チェコ（1995）、ハンガリー/ポーランド/韓国（1996）、スロバキア（2000）、チリ/スロベニア/イスラエル/エストニア（2010）、ラトビア（2016）

（出典）http://www.oecd.org/about/membersandpartners/list-oecd-member-countries.htm

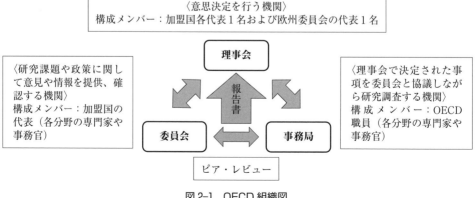

図 2-1　OECD 組織図

だが、OECD の特色を際立たせているのがこのピア・レビュー手法といえる。ピア・レビュー手法は、加盟国が抱える諸課題を、加盟国間同士による直接交渉ではなく、互いの共通認識や「先進国標準」を熟成させていくための対話を促す役割を担っており、対話を通して各国の置かれている現状を互いに把握させる有効な手立てとしても用いられている。こうして、各国の取り組んできた政策内容を比較検討し、その国にとって有益となる政策の選択肢をともに描くことを可能にしている。

　ピア・レビュー手法に見られるように、OECD の政策提言は、トップダウン方式による報告というよりは、むしろ、各国から提供された共通の情報を土台に参加国間で協議された報告書を検証した分析結果といえる。事実、OECD の政策提言は何の法的拘束も持たず、その結果をどのように自国の政策に反映させるかは各国に委ねられている。各国の現状と課題に対してよりよい成果を生み出すために、領域や分野の違いを超えてそれぞれの政策を結びつける場を提供している。わが国の保育政策を決定する各種委員会の資料にも OECD の報告書が含まれるなど、加盟国全体のシンクタンクとしての役割を担っている OECD の国際機関としての影響力は、近年、ますます大きくなってきている。

3　OECD ECEC 設立の経緯

　OECD 諸国の乳幼児教育領域に対する政策関与の深まりは 1990 年代に遡る。幼い子どもを持つ女性の社会進出の増加に伴い、子どもを預かる保育所や延長保育を行ってくれる幼稚園を渇望する声が広がり、保育施設の充足が各国の課題として挙がってくるようになった。また、質の高い保育が子どもたちの生涯学習の基盤となるとの認識に基づき、各国が保育政策を国の重要政策課題と位置づけ、公的資金を乳幼児教育に投入していくようになるのがこの頃である（第 1 章参照）。

　それまで各国の政策目標の中核にすえられることはなかった乳幼児教育だが、質の高い保育が子どもたちの心身の発達や教育成果に多大なる影響を及ぼすことが教育学・心理学・脳科学・社会学の研究で徐々に明らかにされるに従い、各国は、質の高い保育の提供を通して、子どもの心身の健全なる発達と安定、社会的に恵まれない子どもたちやその家庭の支援、子どもたちの学校教育へのスムーズな移行、そして、生涯にわたる学習の基盤を築くことを目標として挙げた。さらに、こうした子どもの育ちを支える質の高い保育が社会全体に平等に提供されることで、乳幼児を抱える女性の社会進出を促し、男女平等の意識向上とワークライフバランスへの意識を助長させ、幼い頃から民族文化の違いにかかわらず所属する社会の言葉や文化に親しむことで所属する社会への参加意識を育てるといった社会的効果をもねらっていくことになる。特に、1998 年にイギリス政府によって打ち出された Sure Start や、1998 年に出されたスウェーデンの 1〜5 歳までを統合したナショナルカリキュラムの策定などは、子どもたちが人生のはじまりから不平等を受けないように、また、生涯学び続けることのできる基礎能力を乳幼児期に培うことが意識された動きといえる。

　こうした各国の動きや情報を共有し合うことがよき政策を実施することにつながると認識した OECD 教育部局は、OECD の専門家チームを結成し、任意参加 12ヶ国とともに 1996 年「ECEC 政策の再検討特別委員会」を立ち上げ、各国の乳幼児教育の現状を把握するための研究プロジェクトを推進していくことになる（表 2-2 参照）。

　1998 年、「ECEC 政策の再検討特別委員会」は、政策、サービス、家庭や地域がどのように子どもの育ちと学びをサポートしているかを全般的に検証しはじめた。対象としたのは、施設体系・資

表2-2　1996年「ECEC政策の再検討特別委員会」の任意参加12ヶ国（OECD加盟年）

オーストラリア（1971）、ベルギー（1961）、チェコ（1995）、デンマーク（1961）、フィンランド（1969）、イタリア（1961）、オランダ（1961）、ノルウェー（1961）、ポルトガル（1961）、スウェーデン（1961）、イギリス（1961）、アメリカ（1961）

金源・開所時間・保育内容のいかんにかかわらず、就学前の子どもたちを預かっているすべての乳幼児施設で、①現在の政策と実践、および直面している諸課題を記した各国からの報告書、②検討委員会の参加国への訪問調査報告書、③OECDによる調査・分析結果から各国になされた対策と提言をまとめた報告書、④OECDによる各国間の比較報告書の分析に基づく検証報告がなされた。この流れが、OECDによる初の乳幼児関係の出版物『Starting Strong : Early Childhood Education and Care（人生の始まりこそ力強く―乳幼児期の教育とケア（ECEC）の国際比較―）』シリーズへとつながっていくことになる。

　この「ECEC政策の再検討特別委員会」の発足を足がかりとして、2007年より、乳幼児教育ネットワーク（Early Childhood Education and Care Network, 以下、ECECネットワーク）が加盟国の任意参加で立ち上がり、原則として年2回の定例会が開催されている。

4　ECECネットワークの活動内容とその特性

　ECECネットワークは、OECD委員会の一つである教育政策委員会からの指令を受けて、ECECネットワークに加盟する各国が、自国の目的に応じた保育内容を効果的で効率的に進めていくための乳幼児教育政策を協議する場として機能している。定例会では、毎回、検討すべきテーマが掲げられ、それにまつわる各国の現状、政策課題などを持ち寄り、活発な意見・情報交換が行われている。OECDの職員と加盟国の代表者から構成されるECECネットワークでは、各国が実行可能な政策を模索し、各国の現状に応じたよりよい保育内容や実践を促進していけるように、

　・各国の経験、研究、よい実践例の情報共有・交換・配信の促進
　・これまでの政策研究の整理と今後の政策研究の方向性と分析の明示
　・データ収集法の提示と方法論の発展への寄与
　・各政策テーマにおけるワークショップの提供
　・研究者・政策決定者・実践者・関係国際機関との連携・調整

等を主な活動内容として行っている（http://www.oecd.org/education/school/ecec-network.htm）。

　ECECネットワークは、主に各国の保育政策にかかわる行政官とEU代表およびOECD職員から構成されている。OECDからは政策アナリストを中心としたメンバーが参加し、各国の利益になるような情報の収集やその方法、各国が収集したデータの分析とその有効な活用法などを示唆するとともに、会議が円滑かつ効果的に進むように議事提案・進行・まとめなどを司っている。

　ECECネットワークでは、OECD職員以外に、常時30ヶ国50名程度のメンバーが出席しているが、大きな特性として、まず、彼ら各国代表者の職位が挙げられる。参加している行政官のほとんどが、乳幼児教育・初等教育・子ども福祉関係のスペシャリストであり、なかには保育者・教員としての経歴を有する行政官もいる。彼らに共通する特徴としては、在任期間が長く、可能な限り同じ代表者が会議に参加していることなどが挙げられる。なかには、その国で保育政策に関する意思決定に大きな影響力を持つ職位の行政官もいる。例えば、ECECネットワークの現議長である

Tove Slinde 氏（ノルウェー教育科学省シニアアドバイザー）は、2008 年より ECEC ネットワーク会議に出席し、2012 年より議長を務めている。こうした職務上の特性によって、「自国の保育政策をより良き方向性に導くためにはどのような情報が必要となるのか」、また、「どのような政策をどのように実施すればどこに効果が表れるのか」といった、スペシャリストとしての知見や長年その部署で培ってきた見識が示され、会議を通して自国の保育政策を向上させるための議論が活発に行われている。また、ECEC ネットワーク会議を通して収集された情報は、帰国後いち早く自国で共有され、今後の保育政策の方向性を打ち出す一助として用いられている。

　加えて、同じメンバーが出席することで行政官同士のコミュニケーションの輪が構築されることもこのネットワークの大きな特性の一つとして挙げられる。半年に一度、同じメンバーで議論を重ねて築き上げてきた関係性が、ときには 2 国間同士、また、ときには似たような状況を抱える複数国間同志での対話を可能にしている。互いの置かれている現状を理解し合いながら、自立的な関係性が築ける点でこのネットワークが果たす役割は非常に大きいといえる。

　同時に、こうして年月をかけて築き上げられた関係性が、自国の利益という枠組みを超えて、「all children（すべての子どもたち）」がよりよく育っていくためにはどのような政策を講じる必要があるのか、という視座に立った議論を可能にしており、その成果が ECEC ネットワークが行ってきた活動報告書としての Starting Strong シリーズとして結実している。以下、これら報告書を概説しながら、OECD がまとめた近年の乳幼児教育の方向性について考えてみたい。

第 2 節　保育政策の動向―20 世紀から 21 世紀にかけて（SS ⅠからSS Ⅱまで）―

1　Starting Strong Ⅰ（SS Ⅰ：2001 年 6 月）

　SS Ⅰは 2001 年 6 月 14 日に開催された OECD とスウェーデン教育科学省およびスウェーデン国立教育機関共催の国際会議の議場で上奏された。この国際会議には世界 50 ヶ国から政策行政官、研究者、実践者らが出席し、この報告書の知見に基づいて、各国内外の保育政策の動向や取り組みについての情報交換がなされたり、各国の保育政策における課題やその対策が検討されたりと活発な議論が展開された。前日の 13 日にはストックホルム市による公開保育も行われ、実践と報告書との関係性を目のあたりにする機会も設けられた。これによって、スウェーデンをはじめとする OECD 諸国が、いかに乳幼児教育政策に着目しているかが OECD 以外の諸国にも知られる契機となった。この背景には、SS Ⅰを単に OECD 刊行書籍として紹介するのではなく、いかに乳幼児教育が今後、各国の経済基盤を支えていく教育の素地となるか、各国における子どもや女性への社会福祉が充実されていくべきかを周知させたいねらいがあった。事実、この国際会議の場において、SS Ⅰの報告内容を広く世界を共有できるような場を設けたことで、各国社会は徐々に保育政策を重視していくようになり、SS Ⅱでは調査に参加する国の数が増加している（表 2-2 および第 2 項、第 3 節参照）。

　SS Ⅰでは、調査に参加した OECD12 ヶ国から、保育の質の向上、そして、経済的・民族的格差に影響されることなく誰もが受けられる保育制度を構築することが OECD 参加国における主たる政策優先課題であり、乳幼児期は生涯学習のはじめの第一歩として、また、教育政策・社会政策・家庭に関する課題を乗り越えていくための要であることが確認されている。

また、保育政策の立案は、その国の置かれている社会状況や価値観や信条によって左右されることを踏まえて、前回の調査（1996年の「ECEC政策の再検討特別委員会」報告書）よりも多くの調査項目を網羅する手法を取り入れている。まず、参加12ヶ国の保育事情や子育てに対するスタンスを概説し、主たる保育政策の動向および課題を比較分析している（12ヶ国は表2-2参照）。その分析結果から、子どもやその家族がよりよく生きるための政策を生み出すのに最もよい方法として、以下の8つの要素を挙げている。

1. 政策発展と実施に向けた整理・統合された方法
2. 教育分野・教育制度との対等な関係性
3. どの子どもにも公平に乳幼児教育を受ける権利を与える機会（特に社会的不利益を被っている子どもたちに対して）
4. 保育事業・社会整備における公的資金の投入
5. 質の向上と保障のための参画的アプローチ
6. 全ての保育関係者への適切なトレーニングと労働条件の整備
7. 実践のモニタリングとデータ収集
8. 教育と評価に関する長期的展望

　このなかでも、特に、質の高い乳幼児教育を提供するためには公的資金の投入が不可欠であるとの認識が各国政府から出されており、OECD加盟国のほとんどが就学前の少なくとも2年間を無償化する方向で政策を打ち出している。例えば、アメリカにおいては、この10年間で4歳児の公教育化が進み、その数は倍増した。2001年には全米で14％に過ぎなかった4歳児教育が2011年では28％に増加している（NIEER 2004）。それまで5歳児だけを対象としていた幼稚園教育に4歳児を組み込み、2年間全日保育を無償で行う政策が各州で進められている。そのほかの国のなかには、2年よりも長い期間、無償で保育を受けられる政策を実施しているところもある。例えば、デンマーク、フィンランド、スウェーデンでは1歳から法的に保育を受ける権利が認められており、ベルギーでは2歳半から、また、イタリアでは3歳から子どもたちは無償で保育を受けている。

　しかし、こうした事例は3歳児以上の保育に限られていることがほとんどで、未満児と呼ばれる領域は、実際には各国で保育が行われているにもかかわらず、管轄省庁の違いや保育理念の違いによる二元化やある一定の基準を満たさないまま保育実践が行われているケースもあり、現状のニーズに見合ったものが提供されているとは言い難い状況がある。OECD各国では、この未満児における保育施設を拡充し、出産・育児休暇を充実させることで対応策を図っている。例えば、ノルウェーは1年間、デンマークは32週、リトアニアは2年間の育児休暇を認めているが、その間の給与は全額支給を基本としている（http://www.oecd.org/social/socialpoliciesanddata/oecdfamilydatabase.htm）。こうした対策は男女雇用機会、また、家庭生活と就労の生活バランスを調和させることをねらいとしているが、イギリスやアメリカのように育児休暇は保障されていてもその間の給与支給がなされない国々もあり、依然、公的資金の使途は政策課題の優先度によって各国ばらつきがあるといえる。

　もう一点、OECD諸国が最重要課題として挙げているのが、未満児保育における子どもの発達と育ちを預かる保育者の雇用、トレーニング、給与待遇面を向上させることである。その背景には、保育者数の減少に歯止めをかけ、よい人材を確保し、保育の質を向上させるねらいがある。なかでも、フィンランドの事例にあるように、保育者の資格要件を大学卒業程度にまで引き上げようとす

る議論が活性化している。フィンランドでは、1995 年に幼稚園教諭の養成課程が四年制大学に引き上げられ、処遇も小学校教諭と同じにされた。また、子どもを取り巻く人・組織全体が共通意識を持って協力し合うことが挙げられている。特に、行政と設置者間で資格要件や労働環境について協議をしたり、保育者や保護者とともに質の向上に努めていくことが肝要であるとの認識が共有されている。

2　Starting Strong Ⅱ（SS Ⅱ：2006 年 9 月）

　SS Ⅰの報告書以降、経済発展と社会変化のスピードが OECD 諸国における家族や子育てのあり方を大きく変化させた。この SS Ⅱでは、加盟国 20 ヶ国の乳幼児教育において、社会・経済・意識・研究などの要因がどのように保育政策に影響を及ぼしたかが詳述されている。例えば、女性の社会進出の増加、女性にとっての家庭と就労バランスの調整、人口変化（増加・減少・移動など）への対応、そして、特に保育を受ける権利、保育の質、多民族・多文化への対応、子どもの貧困や教育的不利益の問題などが各国の保育政策にどのように反映されているのかが記載されている。こうした諸国が抱える課題は、各国の社会経済の捉え方、家庭・子育てのあり方への信条や質の高い保育実践における研究調査の結果によって対処の仕方がさまざまである。

　SS Ⅱでは、前報告書 SS Ⅰに参加した各国の保育政策で功を奏したキー概念を取り上げ、さまざまな事例を用いて、新たに施行された保育政策がどのような変化をもたらしたかが網羅されているが、報告書の最後には、各国政府が保育政策の課題として今後さらに焦点化していく 10 の政策分野を挙げ、その取り組み内容についても言及している。

〈今後取り組むべき 10 の保育政策〉

　(1)　乳幼児教育という社会的文脈への参加：　国の社会的経済的根幹を支える重要性、女性の社会における機会均等の保障、家庭の豊かさの充実と全ての人々の社会参加という視点から乳幼児教育を捉え、関係省庁、地域行政や保護者が一体となって乳幼児教育への参加を促す。

　(2)　子どもの幸福、発達と学びを乳幼児教育の中核に据え、子ども中心で文脈に即した指導方法や内容の尊重：　未満児は就労条件の一つとして位置付けられる傾向にあり、子どもの発達を支える観点で捉えられていないことがある。また、3 歳以上就学までの子どもたちの保育は、保育者対子どもの比率が高く、免許資格を持たない保育者によって不適切な環境下で行われている事実もあり、専門家による保育が適切に行われているとは言い難い現状がある。子どもの発達や保育内容・指導方法に目を向けた取り組みを充実させていくことが必要である。

　(3)　責任ある制度と質の向上を保証する行政構造の創造：　あらゆる分野の専門家からなる政策部署、データ収集調査部署、保育実践を評価する部署、指導・養成の部署、視察及びアドバイス部署などの行政構造を構築することが必要である。ほとんどの国の乳幼児教育にはない部署として教育政策研究分野が挙げられる。研究、データ収集やモニタリングに予算を計上することで、その研究成果を保育政策に転換することができ、制度変革や将来の政策展望への足掛かりとすることができる。

　(4)　保育に携わる関係者の合議によるあらゆる保育施設に共通する保育政策に関するガイドラインやカリキュラムの作成：　ガイドラインは、保育関係者が一体となって策定することにより、発

達に応じた保育の質及び環境をより均一にし、保育者を支え、保育者と保護者とのコミュニケーションを円滑にするなどの効果をうむ。概して、何を指導するのかに言及したものではなく、講義の教育的方向性やあらゆる発達領域における達成目標を打ち出したものが殆どである。子どもたちの健康でより良い育ちや学びのために特に重要とされるのは、子ども自らが編み出す学びの流れを含む子ども主体の活動、そして、子どもの声を聞き、子どもと共に作り上げるドキュメンテーションの活用という二つの教育的アプローチである。

　(5) 質の高い教育目標を達成するために必要な公的資金の投入：　保育時間の長い乳幼児一人あたりに対する教職員の数は多く必要であるにもかかわらず、費やす公的資金は児童一人あたりと比較して著しく少ない。ほとんどの国が現状の２倍の公的資金を投入しなければ、適切な対子ども一人あたりの職員数を充当し、資格要件を満たした教職員を配置することが難しいと報告している。保育政策がうまく機能している国々では、長期計画と質向上の初期投資を含めた効率的な人的・物的資源を行っている。教育・保育における投資という概念は、単に施設の数を増やすという短絡的なことではなく、長期的展望に立って質の高い教育効果をねらうためには何が必要かという視点に立って形成されるべきである。

　(6) 財政・社会・労働政策の流れに逆らうような子どもの貧困や差別の撲滅及び全ての子どもが等しく保育・教育を受けられる権利を保障する普遍的な保育プログラムの増進：　保育を受けることは、特別な配慮を要する子どもたちや経済的不利益を被っている多様な生活背景を抱える子どもたちにとって、学びの素地を支える重要な位置を占める。にもかかわらず、こうした子どもたちへの支援は変則的で予算措置の対象になっていないケースもあるが、全ての子どもたちを一緒に保育する統合プログラムが子どもたちにとっては最も有効的な支援になることが研究結果から検証されており、そのための予算を計上して、保育者を増員し、専門スタッフを補充し、より計画性の高い教育プログラム作りを行うことは当然のことである。子どもの貧困率もOECD諸国の中で上昇している国もあり、そうした国々ではより充実した保育政策を打つために公的資金を投入している。

　(7) 家庭・地域社会の参加：　乳幼児期において、家庭は、子どもの養育・教育の中心的役割を果たしている。この営みは、乳幼児教育施設や保育者によって支えられるべきである。保護者と保育者間で定期的になされる情報交換や日々の関係性、子どもの発達や学びに対する共通の意識を持つことで、子どもの経験は継続性を持っていく。地域社会の参加は、より広範囲の支援が必要とされる場合においてばかりでなく、保護者との連携を深めていくためにも重要である。

　(8) 保育者の労働環境の改善と専門教育の充実：　よい人材を確保するためには専門教育の充実と労働条件の改善が鍵になってくる。保育界においても、よい人材に長期にわたって就労してもらうことは必至である。OECD諸国からの報告としては、（特に保育所関係における）就労希望者の低下と低賃金、初等教育の中に位置づけられていない保育学と免許資格、女性ばかりの職場環境、多様な教育ニーズに対応するだけの人材の確保、などが改善しなければならない項目として挙がっている。

　(9) 保育界への自治、資金、援助の提供：　国ベースで策定された保育目標やガイドラインなどに基づき、各保育施設は子どもたちの育ちを支える計画を立てカリキュラムを作り上げる。保育のための予算を組み、保育の自由度を保障することで、質の高い保育者が責任を持って子どもの育ちに資する保育内容を選択し、国の求める成果を上げていくことができる。各国の省庁が保育記録の

在り様と言った保育の質を向上させる参加型のアプローチを支援することで、保育者の理解力ややる気を喚起することができる。

　(10) 生涯における学習、社会参加、民主主義の素地になる乳幼児教育制度を支えること：　子どもの権利、多様性、特別な支援を要する子どもへの配慮など、私たちの社会において重要とされることが乳幼児教育には含まれている。民主的な姿勢で展開される保育実践が、子どもの主体性や保護者の子どもの教育への参画の試金石となる。乳幼児教育施設においては、子ども達一人ひとりの人格が尊重され、民主的な姿勢での社会参画が促され、環境を大切にする意識が育まれる。人として学び、なすことを学び、学ぶことを学び、生きることを学ぶ。こうした学びは人類社会の発展のために必要な要素であり、乳幼児期においてその芽生えを培うことが重要である。

第 3 節　OECD 諸国が掲げる乳幼児教育における喫緊の課題とその取り組み (SS Ⅲ)

1　Starting Strong Ⅲ（SS Ⅲ：2012 年 10 月）

　2012 年 1 月、ノルウェー政府と OECD の共催による高官級会議がオスロで開催された。掲げられたテーマ「スターティング・ストロング─質の高い保育のための政策─」には、今、まさにECEC における意識改革に着手し、他国における保育政策から学び、教育政策の中心に ECEC をすえるノルウェー政府の決意が見える。その席上、OECD から SS Ⅲの出版がアナウンスされ、保育の質を向上させるうえで効果的とされる 5 つの政策手段が挙げられた（表2-3）。

2　資格・トレーニング・労働条件の改善

　表2-3 の 5 政策のうち、3 つ目の「資格・トレーニング・労働条件の改善」に着目し、OECD 各

表2-3　保育の質を向上させる 5 つの政策手段

政策手段	ねらい・内容
質に関する目標と規定の設定	政策を強化させ、優先すべき領域への適材適所が行える。 省庁間の議論の指標として ECEC における政府のリーダーシップを促進する。 社会的・教育的目的を有した、よりまとまりのある子ども主体の保育を促進する。 施設長へのガイダンス、保育者への指導、保護者への情報を提供する。
カリキュラムと基準の設計・実施	さまざまな環境下においても均質の ECEC が提供される条件を確保する。 保育者の実践の質を高める。 保護者の子どもの発達について理解を深める。
資格・トレーニング・労働条件の改善	保育に携わる者すべてが、子どもの健全な発達と学習を確保するための継続的研鑽を積む。 なかでも、資格、養成教育、現職教育、労働条件などを改善する。
家族と地域社会の関与	親と地域社会は同じ目標の達成に取り組む「パートナー」であると意識を喚起する。 家庭やその近隣の環境は、子どもの健全な発達や学びにとって重要である共通理解を持つ。
データ収集、調査研究、モニタリングの推進	子どもの育ちを確認し、助長させる。 保育実践や運営など、保育全般の持続的な改善を推進する強力なツールとして援用する。

（出典）Starting Strong Ⅲ（OECD 2012）から著者抜粋翻訳。

国の保育の質を向上させる改善策から保育者の専門性を向上させる保育政策を概観する。

　保育者は、保育実践のプロセスと保育内容の質に影響を及ぼす（Sheridan 2009）重要な役割を担っている。それゆえ、保育者として免許・資格を有している者は、

　　・子どもの発達と学びに対する理解
　　・子どものものの見方を発展させる能力
　　・子どもを褒める、安心させる、子どもに考えさせる、応答的である能力
　　・リーダーシップ問題解決能力、保育計画の立案能力
　　・子どもの考えを引き出す語彙と能力

を習得していることが見込まれている（OECD 2012）。子どもにとって豊かで刺激的な保育環境を生み出し、教育的見識に支えられた保育方法に基づく保育実践が、子どもたちの学力向上に貢献するという研究結果（Elliott 2006）を受けて、各国は保育者の免許資格要件に関する準備期間年限の引き上げなどさまざまな取り組みを実施している。

　また、保育者になった後、既存の教育効果が消滅してしまわないように継続した自己研鑽を重ね、常に最新の情報に触れていることが、保育者としての専門性を向上していく鍵とされている（Mitchell, et al 2003, Litjens, et al 2010）。現職教育の種類としては、園内で行われる研修と外部ソースが提供する園外の研修の2つに大別される。新しい知識を蓄え、労働意欲を刺激するような研修が在職中、長期間にわたって、日常的に提供されることが質の高い保育者であり続ける条件である（Sheridan 2001）ばかりではなく、研修内容が保育者自信の抱えている課題やそのときどきの必要性と合致することで、さらに質の高い保育展開が可能になる（Burchinal, et al 2002, Mitchell, et al 2003）。研修を受ける機会をどう保証するかは各国さまざまであるが、日本を含む多くの国において、研修自体を計画し、組織し、提供するのは、政府（もしくは地方自治体）、施設長（雇用者）、大学、NGOによることがほとんどである。

　労働条件に関してSS Ⅲでは、質の構造を示す指標（給与・賃金、保育者対子どもの比率、クラスサイズの上限、労働時間など）と、その他の指標（給与や賃金以外に受けられる恩恵、チームワークのよさ、管理職のリーダーシップ、仕事量など）に分けて理解されている。こうした指標が保育者の保育に影響を与えるものと考えられているからである。表2-4からも明らかなように、保育者の労働条件がよければ保育の質は向上することが示されている。

表2-4　労働条件と保育の質および子どもの育ちとの関係性

労働条件	保育の質の向上	子どもの育ちへの影響
保育者一人あたりの子どもの数が少ない・クラスサイズが小さい	有	有
他の職種と変わらない給与・賃金とその他の恩恵	有	不明瞭
適切な労働時間と仕事量	有	不明瞭
低い離職率	有	有
刺激的でゆとりのある物理的環境	有	不明瞭
管理職のリーダーシップ・役割（有能で理解ある姿勢）	有	不明瞭

（出典）Starting Strong Ⅲ（OECD 2012）から著者翻訳。

3　保育の質が鍵を握る

「保育の質とは何か」「それをどう高めるのか」「何が質を高めるのか」に着目した SS Ⅲ には、注目すべき指摘がある。

- ・全ての子どもは、質の高い乳幼児教育から恩恵を受ける……経済的に恵まれない子どもは更なる恩恵を受ける。
- ・厳しい生活状況にさらされた子ども達は、保育を受けることが当たり前の社会でなければ保育を受けることはない（例：就学前教育は全て無償。全ての子ども達が条件のいかんにかかわらず保育所に通える）。
- ・無償化は社会にとって費用はかかるが、利益率（その社会に返ってくるもの）は大きい。

ただし、すべては保育の質が高ければ……の話である。

「幼児教育・保育（ECEC）はさまざまな恩恵をもたらし得るが、どの程度の恩恵をもたらすかはその質いかんである。質を考慮せずにサービスの利用を拡大しても、子どもによい成果はもたらされず、社会の長期的な生産性が向上することもない。実際、調査研究によれば、質の低い ECEC は子どもの発達に好影響をもたらすどころか、長期的な悪影響を及ぼしかねない」（OECD イッシンガー教育局長）。

そして、保育の質は、冒頭にも述べたが、「子どもの育ちの保証」や「保育者の社会的地位の向上」にとどまらない各国が抱える社会事情を反映した政策と密接に結びついているのである。

引用・参考文献

門田理世（2013）「保育者が置かれている職場・就労状況と専門性に関する国際的動向」『発達』Vol. 34 No. 134、pp. 65–71

Burchinal, M., Cryer, D., Clifford, R.（2002）"Caregiver Training and Classroom Quality in Child Care Centers". *Applied Developmental Science,* 6(1), pp. 2–11

Elliott, A.（2006）"Early Childhood Education : Pathways to Quality and Equity for All Children". *Australian Education Review,* 50. Australian Council for Educational Research

Litjens, L., Taguma, M.（2010）*Revised Literature Overview for the 7th Meeting of the Network on Early Childhood Education and Care.* OECD

Mitchell, L., Cubey, P.（2003）*Characteristics of Professional Development Linked to Enhanced Pedagogy and Children's Learning in Early Childhood Settings,* report for the New Zealand Ministry of Education. Wellington : NCER

NIEER（2004）"Better Teachers, Better Preschools : Student Achievement Linked to Teacher Qualifications". *Policy Brief,* NIEER

OECD（2012）*Starting Strong III : Early Childhood Education and Care.* OECD

Sheridan, S.（2001）"Quality Evaluation and Quality Enhancement in Preschool : A Model of Competence Development". *Early Child Development and Care,* 166, pp. 7–27

Sheridan, S.（2009）"Discerning Pedagogical Quality in Preschool". *Scandinavian Journal of Educational Research,* 53(3), pp. 245–261

第 3 章

日本の保育の現状と教育改革の方向性
—子どもたちのために変えたこと、変えなかったこと—

第1節　日本の保育・幼児教育制度

1　幼保二元化から幼保一体化施設誕生へ

　前章では世界の保育・教育の状況が示されたが、日本の保育や教育の現状はどのようになっているであろうか。

　義務教育は、小学校（6〜12歳）の6年間と、中学校（12〜15歳）の3年間であり、これは教育基本法や学校教育法が制定された1947年以降、変わっていない。ところが小学校就学以前の保育・教育制度は、社会の変化とともに大きく変化してきている。

　1947年に制定された学校教育法で、幼稚園（満3歳〜就学まで）は学校に位置づけられ、同じ年に制定された児童福祉法で、保育所（保育を必要とする0歳〜就学まで）は児童福祉施設と位置づけられた。以来、日本では、幼稚園が文部科学省所轄、保育所が厚生労働省所轄のいわゆる幼保二元化制度が長く続いてきている。幼稚園は一日の教育課程にかかる標準時間を4時間と定めているのに対し、保育所は保育を必要とする乳幼児が対象であり、一日8時間の保育時間が原則となっている。また、保育料は、次項に述べる子ども・子育て支援新制度が成立するまで、幼稚園への入園希望者の場合希望する幼稚園に申請し、幼稚園の決めた保育料を幼稚園に支払う応益負担であるのに対し、保育所入所希望者は市町村に申し込み、保護者の所得に応じた保育料を市町村に支払う応能負担であった。

　図3-1に示すようにその間、出生数および合計特殊出生率は減少し、少子化が進んだ。出生数は減少しているが、女性の社会進出が進み、共働き家庭やパート労働など短時間労働をする母親の増加に伴い保育所入所児および幼稚園の標準時間以降の預かり保育のニーズは高まってきている。また、都市部を中心に保育所の待機児童も増加し、特に、0〜2歳児の待機児童問題が大きくなってきた。さらに、核家族の増加や地域のつながりが希薄化するなかで子育て家庭における育児不安が増加しており、子育て支援の必要性も高まってきている。そのため、2006年に認定こども園制度が導入され、就学前の子どもへの教育・保育と保護者への子育て支援を総合的に提供し、多様なニーズに対応する施設として認定こども園が誕生している。認定こども園は設立のあり方から4種類に分けられる。幼稚園が保育所的な機能を備えて低年齢児や長時間の保育が必要な子どもたちを受け入れ認定こども園に移行した幼稚園型、保育所が短時間児を受け入れて移行した保育所型、幼稚園と保育所が一体となって設置・運営された幼保連携型、幼稚園でも保育所でもなかった施設が新たに都道府県の認定基準で認定された地方裁量型である。

　認定こども園は内閣府と文部科学省、厚生労働省が所轄しており、短時間保育の子どもたちと、

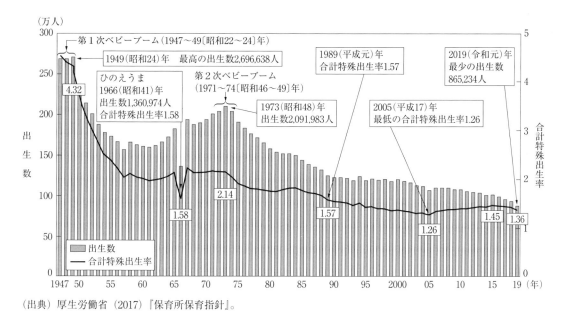

（出典）厚生労働省（2017）『保育所保育指針』。

図 3-1　出生数および合計特殊出生率の年次推移（厚生労働省『人口動態統計』）

長時間保育の子どもたちがともに生活し、さらに未就園児の親子が利用する子育て支援事業を行っている。しかし、文部科学省が所轄する幼稚園児と、厚生労働省が所轄する保育所児が混在し、指導監督が異なることによる手続きの煩雑さなどの課題が挙がっていた。保育料に関しても認定こども園が決めた一律の保育料を支払う応益負担と、保育所入所の場合のように保護者の所得に応じた保育料を市町村に支払う応能負担の家庭が混在していた。

　スウェーデンでは、教育省が所轄して幼児教育と保育を分けない幼保一元化が実現されている。その背景には1960年代に労働力不足の問題があり、女性の労働の可能性を探るなかで子どもにとっての保育・教育の必要性をさまざまな角度から調査したことによる。その結果、親の就労にかかわらずすべての子どもに保育・教育は必要であるとの結論が出されたのである。

　それに対し、日本の認定こども園は一元化されないままに一体的に運営されているため、幼保一体化施設といわれる。幼保一元化論は日本においても議論され、国際的にも保育対象の区分と所轄の分離・統合についてのさまざまな類型が見られるが、近年は所轄を統合し、保育と教育、あるいは養護と教育の関連性や一体性、さらには小学校教育への連続性を見すえた方向へ推移している傾向が見られる。

　また、そのほかにも事業所内保育や家庭的保育、病児保育など多様な保育事業所が増加し、さらに親子で利用できる子育て支援事業も広がるなかで、2012年子ども・子育て関連3法（①子ども・子育て支援法、②就学前の子どもに関する教育、保育等の総合的な提供の推進に関する法律の一部を改正する法律、③子ども・子育て支援法及び就学前の子どもに関する教育、保育等の総合的な提供の推進に関する法律の一部を改正する法律の施行に伴う関係法律の整備等に関する法律）が成立し、2015年より子ども・子育て支援新制度が施行されている。

2　子ども・子育て支援新制度

　子ども・子育て支援新制度は内閣府と文部科学省、厚生労働省が所轄し、図 3-2 に示されるように、幼稚園や保育所、認定こども園や小規模保育事業などの乳幼児とその保護者のみならず、放課

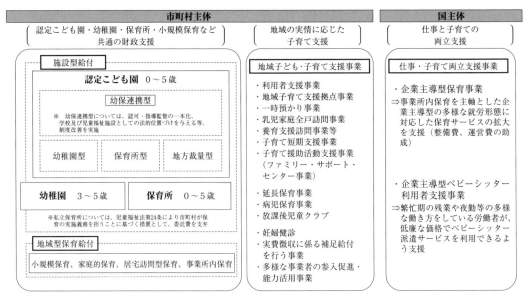

（出典）内閣府子ども・子育て本部（2019）『子ども・子育て支援新制度について』。

図 3-2　子ども・子育て支援新制度の概要

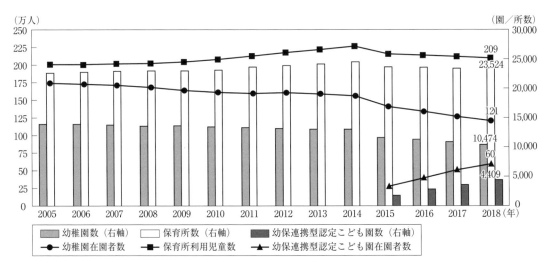

（注）1. 幼稚園及び保育所の在園者数／利用児童数、幼稚園数／保育所数には、認定こども園の認定を受けた幼稚園及び保育所の在園者数／利用児童数、幼稚園数／保育所数を含む。
　　　2. 平成 27 年 4 月から、子ども・子育て支援新制度が施行されたことに伴い、平成 27 年より、幼保連携型認定こども園の項目を追加している。
　　　3. 「幼稚園在園者数」及び「幼稚園数」については各年 5 月時点、それ以外は各年 4 月時点。
（出典）文部科学省『学校基本調査』、厚生労働省『保育所等関連状況取りまとめ』、内閣府『認定こども園に関する状況について』。

　図 3-3　幼稚園、保育所、幼保連携型認定こども園の数と利用状況（内閣府『平成 29 年度版　子供・若者白書』）

後児童クラブなど就学後の子どもたちの学校以外での生活支援をも視野に入れた、すべての子育て家庭のための制度となっている。また、新制度は市町村が主体となって、地域の子育て支援の充実についても検討し決定していくもので、国や都道府県は財政支援のみを行っている。したがって、①利用者支援、②地域子育て支援拠点、③一時預かり、④乳児家庭全戸訪問、⑤養育支援訪問、⑥子育て短期支援、⑦ファミリー・サポート・センター、⑧延長保育、⑨病児保育、⑩放課後児童クラブ、⑪妊婦健診などの事業のうち、どの事業に重点を置くかは、市町村の置かれている状況や目指す未来像によっても異なってくる。そうした具体的な計画を、各市町村の子ども・子育て会議を経て決定している。

表 3-1　保育の必要性の認定

1 号認定：　保育を必要としない満 3 歳以上の子ども 2 号認定：　保育を必要とする満 3 歳以上の子ども 3 号認定：　保育を必要とする満 3 歳未満の子ども

表 3-2　地域型保育事業の種類

事業類型		種類	職員数	職員資格	保育室等の面積	定員
小規模保育事業	A 型	・認可定員：　6 人〜19 人 ・少人数を対象に、家庭的保育に近い雰囲気のもと、細かな保育を行う	保育園の配置基準+1 人	保育士	0・1 歳児： 　1 人あたり 3.3 m² 2 歳児： 　1 人あたり 1.98 m²	
	B 型		保育園の配置基準+1 人	1/2 以上が保育士		
	C 型		3 人に対して 1 人（補助者を置く場合は 5 人に対して 2 人）	家庭的保育者	0〜2 歳児： 　1 人 3.3 m²	
家庭的保育事業		・認可定員：　1 人〜5 人 ・家庭的な雰囲気のもとで、少人数を対象にきめ細かな保育を行う	3 人に対して 1 人（補助者を置く場合は 5 人に対して 2 人）	家庭的保育者	1 人 3.3 m²	1 人以上5 人以下
事業所内保育事業	定員が 19 人以下 小規模保育事業 B 型と同じ	・会社の事業所の保育施設などで、従業員の子どもと地域の子どもを一緒に保育する	保育園の配置基準+1 人	1/2 以上が保育士	0・1 歳児： 　1 人 3.3 m² 2 歳児： 　1 人 1.98 m²	
	定員が 20 人以上		0 歳児：　3 人に対して 1 人 1・2 歳児：　6 人に対して 1 人	保育士	0・1 歳児： 　1 人 3.3 m² 2 歳児： 　1 人 1.98 m²	
居宅訪問型保育事業		・障害・疾患などで個別のケアが必要な場合や、施設がなくなった地域で保育を維持する必要がある場合などに、子どもの自宅で 1 対 1 で保育を行う。	1 人	家庭的保育者	必要な広さ（子どもの自宅）	
（参考）保育園			0 歳児：　3 人に対して 1 人 1・2 歳児：　6 人に対して 1 人	保育士	0・1 歳児： 　1 人 3.3 m² 2 歳児： 　1 人 1.98 m²	20 人以上

この制度は消費税を財源とする社会保障と税の一体改革であり、これまで異なる給付体系であったものを消費税増税とともに整理し、施設型給付と地域型保育給付の2つに区分している。幼保連携型認定こども園は「学校及び児童福祉施設」としての単一認可となり、指導監督も一本化され、手続きの煩雑さは解消された。また、幼稚園のうち、施設型給付を受けない園は従来通り、私学助成で運営される。

　新制度により、幼稚園も含めた利用の手続きが一本化され、保護者はまず市町村に申請を出し、保育の必要性の認定を受けることになる（表3-1）。保育の必要性が認められた場合、1ヶ月の「保育の必要量」が認定され、認定証の交付を受けて希望する園に申請することになる。保育所では保育の必要量によって延長保育の保育料が異なってくることも、従来と異なる点である。

　図3-2に示すように、地域型保育給付は小規模保育事業、家庭的保育事業、事業所内保育事業、居宅訪問型保育事業の4種類があり、都市部における待機児童解消と子どもの数が減少傾向にある地域における保育機能確保に対応するものである。

　このように、子育て支援制度のなかに、幼稚園や保育所、認定こども園が組み込まれてきたが、そもそも保育や幼児教育における子育て支援とはどのような意義があるのであろうか。

　保育をするうえで保護者との連携は欠かせない。特に子どもが低年齢であればあるほど、緊密な連携が必要である。保育の対象は子どもであるが、背景にある保護者の置かれている状況や親子関係のなかに子どもを保育するうえでの大切な要素が見いだされることは多い。そのような観点から、保育者は親子関係に着目しながら子どもの育ちを支援し、親としての育ちも支えていくことになる。保育の専門を学び保育経験のある保育者が、保護者に対してアドバイスするということもあるであろう。それだけではなく、保護者の育児ストレスや本音で語られる言葉に耳を傾け、共感し、ともに子育てを考え、ともに子どもの成長を喜ぶ保育者が求められている。そのようなかかわりから、保護者との信頼関係が築かれ、子どもの育つちからだけでなく、保護者が子育ての主体として悩みながら育っていく姿を信頼し支えることになる。そしてそのような関係性のなかで、保育者自身も子どもや保護者から学び、専門性が磨かれ、成長していくことになるのである。子育てを担う者の成長や子育てを支える者の成長が、また子どもの成長を導くというよき循環をもたらすのである。

　また、在籍児だけでなく地域の子育て家庭を支援することも求められている。地域の子育て支援の拠点の一つとして幼児教育機関や保育所等が保育の専門性を持ってかかわり、そのかかわりを通して、現在の子育て家庭が抱える問題を知り、どのような支援が求められているのかを考えることは保育の見直しにもつながる。そして、子育てに関する相談に対応したり、専門的知識を持って保護者への保育指導を行うことも保育の専門性の一つであり、今後ますます求められるであろう。

　子どもは本来、家庭のなかだけで育つのではなく、社会のなかで育てられる必要があり、地域社会の支えを通して子どもは育ち、子どもの育ちを支えるなかで子育てを支える地域のちからが育成され、豊かな子育て社会が醸成される。そのような子育て家庭と地域をつなぐ役割も、保育所や幼稚園、認定こども園や子育て支援センター等が担っているといえるであろう。

3　基盤となる法律

　子どもの人権に関する世界共通の法規は、子どもの権利に関する条約（子どもの権利条約）である。国際連合総会で1959年に表明された子どもの権利宣言（児童権利宣言）を受けて、1989年に採択、日

本では 1994 年に発効している。第1条で子どもとは 18 歳未満のすべての者と定義され、第2条では差別の禁止、第3条では子どもに対する措置については子どもの最善の利益を考慮しなければならないと規定されている。また、生命に対する固有の権利や子どもの意見表明権等についても示されている。

　日本においては、子どもの人権のみに関する規定はなく、日本国憲法を基底に各種の法律が編纂されている。

　日本国憲法第 25 条では生存権が示され、誰もが人間らしい生き方ができる権利があることが記されている。また、第 26 条においては教育権が示され、誰もがその能力において教育を受ける権利があり、保護者は教育を受けさせる義務があると記されている。

　この教育権を受けて、教育基本法が制定されている。教育の目的（第1条）は一人ひとりの人格の完成を目指し、平和で民主的な社会を形成する人として必要な資質を備えた、心身ともに健康な人の育成であり、そのために学校教育（第6条）の場があること、そして教育は学校教育の場だけでなく、家庭教育（第10条）からはじまり、幼児期の教育（第11条）が重要であることが示されている。幼児期の教育は、生涯にわたる人格形成の基礎を培う重要なものであり、家庭において保護者との

〈**日本国憲法**〉

第 25 条（国民の生存権、国の保障義務）　すべて国民は、健康で文化的な最低限度の生活を営む権利を有する。

　② 　国は、すべての生活部面について、社会福祉、社会保障及び公衆衛生の向上及び増進に努めなければならない。

第 26 条（教育を受ける権利、受けさせる義務）　すべて国民は、法律の定めるところにより、その能力に応じて、ひとしく教育を受ける権利を有する。

　② 　すべて国民は、法律の定めるところにより、その保護する子女に普通教育を受けさせる義務を負ふ。義務教育は、これを無償とする。

〈**教育基本法**〉

第1条（教育の目的）　教育は、人格の完成を目指し、平和で民主的な国家及び社会の形成者として必要な資質を備えた心身ともに健康な国民の育成を期して行われなければならない。

第6条（学校教育）　法律に定める学校は、公の性質を有するものであって、国、地方公共団体及び法律に定める法人のみが、これを設置することができる。

　2 　前項の学校においては、教育の目標が達成されるよう、教育を受ける者の心身の発達に応じて、体系的な教育が組織的に行われなければならない。この場合において、教育を受ける者が、学校生活を営む上で必要な規律を重んずるとともに、自ら進んで学習に取り組む意欲を高めることを重視して行われなければならない。

第10条（家庭教育）　父母その他の保護者は、子の教育について第一義的責任を有するものであって、生活のために必要な習慣を身に付けさせるとともに、自立心を育成し、心身の調和のとれた発達を図るよう努めるものとする。

　2 　国及び地方公共団体は、家庭教育の自主性を尊重しつつ、保護者に対する学習の機会及び情報の提供その他の家庭教育を支援するために必要な施策を講ずるよう努めなければならない。

第11条（幼児期の教育）　幼児期の教育は、生涯にわたる人格形成の基礎を培う重要なものであることにかんがみ、国及び地方公共団体は、幼児の健やかな成長に資する良好な環境の整備その他適当な方法によって、その振興に努めなければならない。

生活のなかではじまるのである。保護者は教育者になるための教育を受けずに親となっていくのであり、家庭が子どもにとって健やかな発達を保障する場となるように、保護者に対する情報提供や学習の機会が保障されなければならない。また、第1章で見たように、子どもは身近な大人との愛着関係のなかで自己肯定感が育まれ、非認知のちからが芽生え、それらが土台となって認知の力やその後の生きる力が育つのである。このように、家庭教育と幼児期の教育は生涯にわたって子どもに影響を与える重要なものであることが明示されている。

　教育基本法を受けて、教育を行う機関である学校での教育については学校教育法に示されている。

　小学校以上の学校教育は、学校教育法施行令や学校教育法施行規則に基づき運用され、学習内容については小学校学習指導要領に基づき日々の教育が実践されている。

　就学前教育に関しては、学校教育法第1条において、幼稚園は学校に位置づけられているが、認定こども園は含まれていない。認定こども園は、先に示したように学校および児童福祉施設として切り離せない一体的な施設のために、児童福祉法第39条に保育所とともに規定されている。保育を必要とする乳児・幼児を保育する保育所、幼保連携型認定子ども園については、義務教育およびその後の教育の基礎を培うものとしての満3歳以上の幼児に対する教育および保育を必要とする乳児・幼児に対する保育を一体的に行う施設と規定している。しかし認定こども園も保育所も幼児期の教育を行う施設であり、教育基本法に示される幼児期の教育を行っていることに変わりはない。

　幼稚園では小学校からはじまる義務教育およびその後の教育の基礎を培うものとして子どもの心身の発達を助長することを目的としている（第22条）。また、子どもへの保育・教育だけでなく、保護者や地域住民からの相談にも応じ、必要な情報提供や助言を行うなどの家庭や地域における幼児期の教育の支援に努めることも求められている（第24条）。

〈学校教育法〉

第1条（学校の範囲）　この法律で、学校とは、幼稚園、小学校、中学校、義務教育学校、高等学校、中等教育学校、特別支援学校、大学及び高等専門学校とする。

　第3章　幼稚園

第22条（目的）　幼稚園は、義務教育及びその後の教育の基礎を培うものとして、幼児を保育し、幼児の健やかな成長のために適当な環境を与えて、その心身の発達を助長することを目的とする。

第24条（家庭及び地域への支援）　幼稚園においては、第22条に規定する目的を実現するための教育を行うほか、幼児期の教育に関する各般の問題につき、保護者及び地域住民その他の関係者からの相談に応じ、必要な情報の提供及び助言を行うなど、家庭及び地域における幼児期の教育の支援に努めるものとする。

第26条（入園資格）　幼稚園に入園することのできる者は、満3歳から、小学校就学の始期に達するまでの幼児とする。

〈学校教育法施行規則〉

第37条（教育週数）　幼稚園の毎学年の教育週数は、特別の事情のある場合を除き、39週を下つてはならない。

第38条（教育課程・保育内容の基準）　幼稚園の教育課程その他の保育内容については、この章に定めるもののほか、教育課程その他の保育内容の基準として文部科学大臣が別に公示する幼稚園教育要領によるものとする。

　学校教育を実施していくための具体的細目に関しては、学校教育法施行令や学校教育法施行規則、幼稚園設置基準に示されている。日々の保育・教育は、各園で編成される教育課程と文部科学省による幼稚園教育要領に基づいて行われることが示されている（学校教育法施行規則第 38 条）。教育課程とは、園の教育方針や目標に基づいて各園独自に編成するもので、入園から卒園までの間に子どもがどのような経験をし、何を学ぶのか、どのように育っていくのかなど、在園期間の発達の道筋を示すものである。

　一方、日本国憲法の生存権を受けて、社会福祉法が制定され、子どもに関しては児童福祉法が制定されている。第 1 条には子どもが健やかに育つことを保障するという児童福祉の理念が示され、第 2 条にはすべての国民に子どもの最善の利益を優先し健やかに育つよう努める責任があることが明示されている。子どもを育てることは親や保育者や教育者だけではなく、すべての国民の義務であると規定されている。そして第 4 条には満 18 歳に満たない子どものうち、満 1 歳に満たない乳児、満 1 歳から就学前までの幼児、そして小学校就学から満 18 歳までの少年の区分を示している。

〈児童福祉法〉

第 1 条（児童福祉の理念）　全て児童は、児童の権利に関する条約の精神にのつとり、適切に養育されること、その生活を保障されること、愛され、保護されること、その心身の健やかな成長及び発達並びにその自立が図られることその他の福祉を等しく保障される権利を有する。

第 2 条（児童育成の責任）　全て国民は、児童が良好な環境において生まれ、かつ、社会のあらゆる分野において、児童の年齢及び発達の程度に応じて、その意見が尊重され、その最善の利益が優先して考慮され、心身ともに健やかに育成されるよう努めなければならない。

第 4 条（児童及び障害児）　この法律で、児童とは、満 18 歳に満たない者をいい、児童を左のように分ける。
  1　乳児　満 1 歳に満たない者
  2　幼児　満 1 歳から、小学校就学の始期に達するまでの者
  3　少年　小学校就学の始期から、満 18 歳に達するまでの者
  ②　この法律で、障害児とは、身体に障害のある児童、知的障害のある児童、精神に障害のある児童（発達障害者支援法〔平成 16 年法律第 167 号〕第 2 条第 2 項に規定する発達障害児を含む。）又は治療方法が確立していない疾病その他の特殊な疾病であつて障害者の日常生活及び社会生活を総合的に支援するための法律（平成 17 年法律第 123 号）第 4 条第 1 項の政令で定めるものによる障害の程度が同項の厚生労働大臣が定める程度である児童をいう。

第 18 条の 4（保育士の定義）　この法律で、保育士とは、第 18 条の 18 第 1 項の登録を受け、保育士の名称を用いて、専門的知識及び技術をもつて、児童の保育及び児童の保護者に対する保育に関する指導を行うことを業とする者をいう。

第 39 条（保育所）　保育所は、保育を必要とする乳児・幼児を日々保護者の下から通わせて保育を行うことを目的とする施設（利用定員が 20 人以上であるものに限り、幼保連携型認定こども園を除く。）とする。

第 39 条の 2（幼保連携型認定こども園）　幼保連携型認定こども園は、義務教育及びその後の教育の基礎を培うものとしての満 3 歳以上の幼児に対する教育（教育基本法〔平成 18 年法律第 120 号〕第 6 条第 1 項に規定する法律に定める学校において行われる教育をいう。）及び保育を必要とする乳児・幼児に対する保育を一体的に行い、これらの乳児又は幼児の健やかな成長が図られるよう適当な環境を与えて、その心身の発達を助長することを目的とする施設とする。
  ②　幼保連携型認定こども園に関しては、この法律に定めるもののほか、認定こども園法の定めるところによる。

また、第18条の4には保育士の定義が示され、保育士の名称を用いて、専門的知識および技術を持って、児童の保育および児童の保護者に対する保育に関する指導を行う者とし、専門性に裏づけられた子どもへの保育と保護者への指導を行う者と示されている。保育士は国家資格であり、有資格者しか保育士と名乗れない名称独占を有している。一般的に、名称独占のほか、医療職などのようにその職種にしか行えない業務を行う業務独占をも有している職種を専門職と呼ぶ。保育の業務は保育士資格がない者でも行える業務も多く、社会福祉職や教育職などとともに業務独占は有していない。

児童福祉施設を運営実施していくための具体的細目に関しては、児童福祉法施行令や児童福祉法施行規則、児童福祉施設の設備及び運営に関する基準に示されている。近年、待機児童が増加し、一時保育の受け入れなどで床面積の広さや屋外遊戯場が確保できない、あるいは保育士が確保できないという施設も都市部を中心に増えている。設置基準の緩和・弾力化と保育の質の確保の問題は背中合わせになっている。

保育を行う場合の保育者一人が受け持つことができる子どもの人数は、子どもの年齢によって規

〈**児童福祉施設の設備及び運営に関する基準**〉

第5章　保育所

第32条（設備の基準）　保育所の設置の基準は、次のとおりとする。

1　乳児又は満2歳に満たない乳児を入所させる保育所には、乳児室又はほふく室、医務室、調理室及び便所を設けること。

2　乳児室の面積は、乳児又は前号の幼児一人につき1.65平方メートル以上であること。

3　ほふく室の面積は、乳児又は第1号の幼児一人につき3.3平方メートル以上であること。

4　乳児室又はほふく室には、保育に必要な用具を備えること。

5　満2歳以上の幼児を入所させる保育所には、保育室又は遊戯室、屋外遊戯場（保育所の付近にある屋外遊戯場に代わるべき場所を含む。次号において同じ。）、調理室及び便所を設けること。

6　保育室又は遊戯室の面積は、前号の幼児一人につき1.98平方メートル以上、屋外遊戯場の面積は、前号の幼児一人につき3.3平方メートル以上であること。

7　保育室又は遊戯室には、保育に必要な用具を備えること。

8　（省略）

第33条（職員）　保育所には、保育士（特区法第12条の4第5項に規定する事業実施区域内にある保育所にあっては、保育士又は当該事業実施区域に係る国家戦略特別区域限定保育士、次項において同じ。）嘱託医及び調理員を置かなければならない。ただし、調理業務の全部を委託する施設にあっては、調理員を置かないことができる。

2　保育士の数は、乳児おおむね3人につき1人以上、満1歳以上満3歳に満たない幼児おおむね6人につき1人以上、満3歳以上満4歳に満たない幼児おおむね20人につき1人以上、満4歳以上の幼児おおむね30人につき1人以上とする。ただし、保育所1につき2人を下ることはできない。

第34条（保育時間）　保育所における保育時間は、一日につき8時間を原則とし、その地方における乳幼児の保護者の労働時間その他家庭の状況等を考慮して、保育所の長がこれを定める。

第35条（保育の内容）　保育所における保育は、養護及び教育を一体的に行うことをその特性とし、その内容については、厚生労働大臣が定める指針に従う。

第36条（保護者との連絡）　保育所の長は、常に入所している乳幼児の保護者と密接な連絡をとり、保育の内容等につき、その保護者の理解及び協力を得るよう努めなければならない。

〈就学前の子どもに関する教育、保育等の総合的な提供の推進に関する法律〉
第 1 条（目的）　この法律は、幼児期の教育及び保育が生涯にわたる人格形成の基礎を培う重要なものであること並びに我が国における急速な少子化の進行並びに家庭及び地域を取り巻く環境の変化に伴い小学校就学前の子どもの教育及び保育に対する需要が多様なものとなっていることに鑑み、地域における創意工夫を生かしつつ、小学校就学前の子どもに対する教育及び保育並びに保護者に対する子育て支援の総合的な提供を推進するための措置を講じ、もって地域において子どもが健やかに育成される環境の整備に資することを目的とする。

定されている（第 33 条）。また、日々の保育内容については養護と教育を一体的に行い、厚生労働省による保育所保育指針に基づいて行うことが示されている（第 35 条）。保育所保育指針には、保育方針や目標に基づいて各園独自に編成する全体的な計画に沿って子どもの実際の姿を踏まえながら、短期的な指導計画を立てて実践することが示されている。全体的な計画とは、入園から卒園までの間に子どもがどのような経験をし、何を学ぶのか、どのように育っていくのかなど、在園期間の発達の道筋を示すものであり、幼稚園における教育課程にあたるものである。

　認定こども園に関しては、「就学前の子どもに関する教育、保育等の総合的な提供の推進に関する法律」「就学前の子どもに関する教育、保育等の総合的な提供の推進に関する法律第 3 条第 2 項および第 4 項の規定に基づき内閣総理大臣、文部科学大臣および厚生労働大臣が定める施設の設備および運営に関する基準」に示されている。また、幼保連携型認定こども園の運営については、幼保連携型認定こども園の学級の編制、職員、設備および運営に関する基準に示されている。認定こども園で働く保育者は、原則幼稚園教諭と保育士資格を取得しており、保育教諭と呼ばれる。日々の保育における保育教諭一人が受け持てる子どもの人数は低年齢児に関しては保育所に準じ、3 歳以上は幼稚園に準じている。日々の保育・教育は幼保連携型認定こども園教育・保育要領に則り、教育および保育の内容ならびに子育て支援等に関する全体的な計画を各園で作成し、それに基づいて実施することが示されている。

　なお、認定こども園は 5 年ごとに認定を受ける必要がある。

4　幼児教育・保育の無償化とアカウンタビリティ

　2019 年 10 月より、消費税率が 10 ％になり、その財源から日本でも幼児教育・保育の無償化がはじまった。こうして日本は OECD 諸国のなかで最後に無償化を取り入れた国となった。前章で述べられているように、世界が人の「人生の初期」に注目し、"starting strong" をスローガンに、乳幼児期の保育・教育に投資し、質の高い乳幼児期の保育・教育に力を入れているなか、日本もその一歩を踏み出したのである。

　無償化となり、公費負担となったことで、保育や幼児教育は「公教育」の一端を担っているということが明確になり、保育施設や幼児教育機関には、各園の保育について保護者だけでなく国民全体へ説明することが求められる。このような説明責任をアカウンタビリティと呼ぶ。園からの情報発信など、地域の方々や一般の方への保育理解を広める取り組みが大切になってくる。

第2節　日本の目指す保育・初等教育の方向性—グローバリズムと教育改革—

1　保育・乳幼児教育の必要性

　子どもを育てる営みは、人類が誕生したときからはじまっている。一人では生きられない子ども、自律していない人間に対する働きかけは、いつの時代にも必要な、大人の責任である。

　子どもが言葉を発し、歩きはじめるのはおおよそ1歳の頃であるが、歩くこともままならず、言葉を発することもできない時期から、長い人生を生きるうえで大切なちからの育ちがはじまっている。そのような大切な時期を生きる子どもへの保育や教育の状況は、前章に示されているように、国によってさまざまであり、その国の文化や歴史的背景によって多様になっている。

　OECD の ECEC（Early Childhood Education and Care）に関する調査においてほかに明らかになったのは、次の3点である。①教育と保育が分れている、②教育や保育内容を示すカリキュラムは幼児期からの認知発達を中心にした就学準備を重視した学校レディネス型と、就学準備にとどまらない全人格的なホリスティック型に分けられる、③各施設の所管部署が複雑になっている。

　この結果から OECD は ECEC 政策について、①誕生からおおよそ8歳までの子どもに対する明瞭で一貫性のある総合的な政策枠組みを構築する、②学校教育制度と強固で対等な連携をとり、子どもの誕生期から生涯にわたる学びを支援するという2点の重要性を示している。世界中が乳幼児期の存在の重要性に着目し、質の高い乳幼児期の生活、人間関係、それらをもたらす乳幼児期の保育、教育に国を挙げて力を注いでいる現状にある。

　日本の保育・幼児教育制度は時代の流れのなかで大きく変化してきた。第5章で述べるように、日本の保育所のはじまりが保育に欠ける子どもたちを保育しながら保護者の就労を支える役割があり、母親が働かなければならない貧困家庭支援の施設であった。しかし、経済的な問題にかかわらず働く子育て世代が増加し、子育て世代のキャリアの維持や自己実現と子育ての両立のうえで、保育機能は重要な役割を果たすようになってきている。また、前節でも述べたように、保護者に対する幼児期の教育に対する支援や保育に関する指導を行うことも幼児教育機関や保育施設に求められてきている。

　そして、保育・幼児教育の重要性と同時に、小学校以降の教育とのつながりが求められてきており、子どもたちが生きる将来を見すえた教育のあり方が求められている。

2　子どもたちが生きる社会と日本の学校教育の方向性

　世界中がインターネットでつながり、瞬時に多くの情報が手に入る時代になった。国境を越えて人々がつながる時代である。生活も便利になり、多くのことが機械やコンピューターで処理でき、時間を待たずに済む時代になった。もっと先の未来を生きる子どもたちが大人になる頃には、現在存在している多くの職業が AI に変わったり、なくなっていくといわれている（ニューヨーク市立大学大学院センター教授デビッドソン氏は、2011年度にアメリカの小学校に入学した子どもたちの65％が大学卒業時に、今は存在していない職業に就くと予測している）。また、これからの社会は一つの仕事を安定的に生涯にわたり保証することが難しく、人々の働き方が現在とは異なる社会になっていくといわれている。

　このような情報化、グローバル化の社会のなかで、未来の創り手となる子どもたちに必要なちからとはどのようなものであろう。どのようなちからを育む教育が求められるのか。それは、「他者と協働しながら価値の創造に挑み、未来を切り開いていく人材」育成であり「社会・経済の変化に伴うニーズに対応した人材」である。いいかえれば、「状況に応じて考え、課題を見いだし、必要な情報を集め、説明や説得しながら必要な他者とともに課題解決していくちから」であり、「柔軟な考え方ができる人、あるいは多様な価値観に開かれた人」といえるであろう。つまり、「新たな価値を創造しながら自らも変容していける人」といえる。そのためには、社会に出るまでの間に知識だけでなく、問題を見いだす力や必要な情報を収集する力、他者と関係を作っていくコミュニケーション力、そして自らの存在価値と他者の存在価値に信頼を置くような人間性を身につける必要があり、その実現が日本の教育改革の方向である。文部科学省は、学校教育のあらゆる段階でのアクティブ・ラーニング（課題発見と解決に向けた主体的・協働的な学習）の充実、国の枠を超えた異なる背景を持った人たちとの協働に欠かせない英語教育と国際感覚の強化を打ち出した。

　日本の初等教育からはじまる義務教育と高等教育は、認知的なちから、特に知識量を問うような教育を重視してきた傾向にあった。しかし、知識はあってもそれらを使って問題解決する力が育っていないという場合も少なくない。そこで、確かな学力、豊かな心、健やかな体とともに生きる力につながる教育こそ必要であり、真の学ぶ力こそ、厳しい時代を乗り越え、新たな価値を創造していく力と位置づけられた。そして、「学力」という言葉では捉えきれない乳幼児期から育つ非認知のちからを含めたちからを資質・能力と呼ぶことになった。この言葉は、今後の教育改革のキーワードとなるだろう。

　次節でも述べるが、今後の学校教育は主体的・対話的で深い学びにおいて、下記の3つの柱で、遊びを中心にした幼児教育から小・中学校のすべての教科で資質・能力を育成しようとしている。①何を知っているか、何ができるか（生きて働く「知識・技能」の習得）、②知っていること・できることをどう使うか（未知の状況にも対応できる「思考力・判断力・表現力等」の育成）、③どのように社会・世界と関わり、よりよい人生を送るか（学びを人生や社会に生かそうとする「学びに向かう力・人間性等」の涵養）。学校教育法第30条には小学校の教育目標が示されているが、第2項で規定されている「学力の3要素」（①十分な知識・技能、②それらを基盤として答えが一つに定まらない問題に自ら解を見いだしていく思考力・判断力・表現力、③これのもとになる主体性を持って多様な人々と協働して学ぶ態度）を、変化の激しい社会で自立して活動していくために必要なちからという観点から捉え直したものである。これらを確実に育み、多面的に評価していくためには、高等学校教育、大学教育、大学入学者選抜全体のあり方をも含め転換していくことが不可欠である。

　そのため、教育改革のキーワードには、英語教育や国際化のほかに、学習指導要領の抜本的改革、高大一体改革、ICTの活用、プロフェッショナル人材の育成なども掲げられている。

　方法論としては、アクティブ・ラーニングを通して、そのプロセスから相互作用、振り返りによって、どのように学ぶのかを経験的に身につけるということである。乳幼児期はあくまで身近な生活の場で、遊びを通して学びに向かう力を身につけていくが、地球的視野に開かれるものであること、やがては情報を使って新たなものを生み出す創造性、そして何よりも、与えられたことをこなす姿勢ではなく、主体的学びのなかで真の学ぶ力を育成していくのである。

　教育内容としては、①言語能力の確実な育成、②理数教育の充実、③伝統や文化に関する教育の

充実、④道徳教育の充実、⑤体験活動の充実、⑥外国語教育の充実、⑦その他、幼児期の終わりまでに育ってほしい姿の明確化、スタートカリキュラムや学校段階間の円滑な接続や一貫した学び、プログラミング教育を含む情報活用能力、部活動、発達の支援などである。

第3節　これからの社会と乳幼児期の重要性

1　家庭・地域社会の教育力

　教育基本法のなかに幼児期の教育と家庭教育が組み込まれたのは 2006 年の改正のときである。それまでは幼児期の教育や家庭での教育は、改めて取り上げる必要性があるとの認識はなされていなかった。しかし、家庭での生活習慣がその後の学力と関連があるという研究や、子ども時代に虐待を受けていた親が自分の子どもにも虐待をしてしまうなど、子どものときの家庭生活や幼児期の生活がその後の生き方の基盤になっていくことが明らかになり、人間形成のうえで重要なことであるとの認識がなされた。また、乳幼児期は、生活と遊びのなかで、非認知のちからを土台に認知能力が育まれはじめる時期であるため、この時期の保育や教育の成果は、学校教育に比べて一般の人にも小学校以上の教員にも理解しにくかったと考えられる。この時期に育つものがどれほど重要なものであるかを、保育者や幼児教育者は理解できていても、根拠を持って示すことができなかったため、認識の遅れにつながったと思われる。「見えない教育」とか、「後伸びする力」といわれてきた幼児期の保育・教育は、非認知のちからの研究により根拠を持ってその重要性を示すこととなった。そして、幼児期の保育・教育の質をどのように確保するのかが議論となっている。

　家庭の教育力については、保育者が保育・幼児教育の専門性を発揮して子どもの保育とともに保護者からの相談を受けたり情報提供するなかで培ってきている。それでもストレス社会のなかで、保護者が抱える問題は少なくなく、それが子育てにおいても影響を及ぼしている。現代の親世代は、日々の生活のなかで、時間的にも精神的にも余裕がなく、子育てが楽しめない状況にある。また、子ども時代に、人と比べられ、仲間外れにならないように空気を読んでがんばることを経験している場合、親になっても自分の感覚で子どもを理解することや子どもの行動や子育てをおもしろがったり楽しむことができないことが多い。

　こうしたさまざまな悩みを抱える保護者を支えるために、子育て支援の場が重要になっている。乳児期からの子どもの生活や遊びに丁寧に寄り添いながら、子どもの感覚を読み取り、発見し、意味づけ、言語化する保育者の専門性が、子どもを育んでいくだけでなく、保護者の子どもへの向き合い方を支え、育てていくことにつながっている。保護者が支えられているという感覚を得、孤立せずに子育てを楽しみ、悩みながらも育児に手ごたえを感じられれば、保護者同士がともに支え合う関係に発展していく。

　子育て支援の場や保育・幼児教育の場で子どもの発達と保護者の子育てを支えることが、家庭の教育力を支える土台となっている。しかし、それだけでは十分ではなく、地域社会や保護者の働く職場のなかに子育てに対する理解と支援の可能性が広がっていくことが重要である。そのような社会を築くことが求められている。

2　幼児教育と小学校以上の教育を貫く柱

　教科教育中心の学校教育と、遊びと生活が中心の乳幼児期の保育・教育は、長い間切り離されて考えられてきた。こうした背景から日本においても、2018年度の幼稚園教育要領、保育所保育指針、幼保連携型認定こども園教育・保育要領、小学校学習指導要領の改訂のなかで、共通に「幼児期の終わりまでに育ってほしい姿」を示し、乳幼児期と学齢期が分断されず、強固で対等な連携を図りながら、生涯にわたる学びを支援する方向性に向かっている。幼児期の終わりまでに育ってほしい姿10項目は、①健康な心と体、②自立心、③協同性、④道徳性・規範意識の芽生え、⑤社会生活との関わり、⑥思考力の芽生え、⑦自然との関わり・生命尊重、⑧数量・図形、標識や文字等への関心・感覚、⑨言葉による伝え合い、⑩豊かな感性と表現であり、これまで就学前の保育内容5領域に示されていた内容をピックアップしたものである。これは到達目標ではなく、あくまで遊びや生活のなかで表れてくる姿であり、「〜ようになる」との文末に示されるように、発達の方向性であって、幼児期の終わりの時点で完成されるものではない。

　そして、小学校では幼児期の自発的な活動としての遊びを通して育まれてきた10の姿の基盤を踏まえ、①主体的に自己を発揮しながら学びに向かう、②生活科を中心に合科的・関連的指導、弾

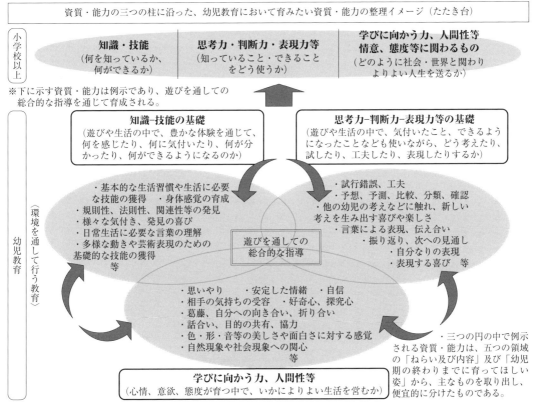

（出典）文部科学省中央教育審議会（2016）「幼稚園、小学校、中学校、高等学校及び特別支援学校に学習指導要領の改善及び必要な方策等について（答申）　別添資料」。

図3-4　資質・能力のイメージ図

力的な時間割設定で、小学校教育をはじめていく。これがスタートカリキュラムである。

　また、今回の改訂から3歳以上の幼児期の施設での教育を「幼児教育」とし、幼稚園、認定こども園同様、保育所も「幼児教育を行なう施設」として位置づけられ、主体的な遊びを中心とした教育的活動を意識した保育の計画を立てること、保育内容の評価についても、保育士の専門性向上や保育実践の改善に加え、教育の質の向上の観点からの評価が重要とされている。

　幼児教育と小学校以上の教育を貫く柱として、図3-4に示した①知識・技能、②思考力・判断力・表現等、③学びに向かう力・人間性等を、幼小で育成される子どもの資質・能力と捉え、それらは知的な力、情意的また協働的な力からなり、相互に循環的に育成されるものとしている。そして、幼児教育においては以下のように示し、環境を通して行う教育のなかで、遊びを通しての総合的な指導を中心に展開されるものとしている。

① 知識−技能の基礎：　遊びや生活の中で、豊かな体験を通じて、何を感じたり、何に気付いたり、何が分かったり、何ができるようになるのか

② 思考力−判断力−表現力等の基礎：　遊びや生活の中で、気付いたこと、できるようになったことなども使いながら、どう考えたり、試したり、工夫したり、表現したりするか

③ 学びに向かう力、人間性等：　心情、意欲、態度が育つ中で、いかによりよい生活を営むか

　そして、これらは家庭での育ちや乳児期からの養護的側面、生命の保持や情緒の安定を土台に培われ、子どもの主体的生活や自発的遊び、それに対する保育者の援助というプロセスのなかで育まれていく。保育者・教育者はそれらをカリキュラムとして構造化し（カリキュラム・マネジメント）、評価・改善しながら、保育者・教育者集団や他の専門職とともにチームとして子どもを育んでいくことが求められている（チーム学校）。

　今回の保育所保育指針の改定のなかで、1歳児保育における5領域の視点が示され、乳児保育のかかわりの3視点（自分の体、身近な人とのかかわり、身近なものとのやりとり）が示されている。乳児は自分のからだの身体感覚を通して、身の周りのさまざまなことに気づき、発見を楽しみながら感性が育っていくのである。また、身近な人との応答的なかかわりのなかで、信頼関係を築き、人とかかわる力の基盤を獲得し、安心を得て探索活動が活発になっていく過程で身近なものとのやりとりを楽しみながら感性が育っていく。これらが、健康や言葉、表現、人間関係、環境といった5領域の視点につながっていく。図示すると、乳児保育の3視点の下に5領域の球が重なりながら存在している、というイメージになる（図3-5）。このように、乳児期から自分の体の感覚を用いて、発見し、何かを感じながら生きている子どもの学びの視点を読み取っていくことが保育者の専門性とい

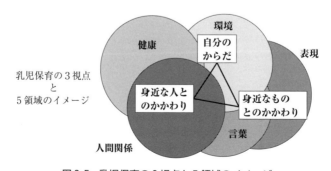

図3-5　乳児保育の3視点と5領域のイメージ

うことになるだろう。

　これからの保育者・教育者に求められるものは、こうした乳児期から小学校教育、そしてその後の未来に続く子どもの発達の連続性、生涯を視野に入れた保育・教育の視点である。これからの乳幼児期の保育・教育を担う保育者・教育者には、子どもたちが生きる未来を視野に入れながら今日の保育を担っていくことが求められている。また、小学校以上の教育者には、未来を視野に入れつつ、乳幼児期の子どもたちの生活や遊びを踏まえた発達の連続性を意識した教育が求められているのである。そして、学校教育が終了した後にも自ら学び成長し続け、他者とともに未来を切り開いていく力を備えた子どもの育成が求められている。

3　激動の時代を生きるちからと保育・幼児教育・学校教育

　子どもが自分らしさを発揮しながら生きることは、いつの時代でも、大人たちの願いであっただろう。激動の時代を生き抜くちからを育むために、日本でも教育の内容や方法を考え、教育の営みを続けてきている。

　教育・保育の激動の時代に、改めて保育の原点、教育の原点に立ち返って、いのちについて考えてみたい。下記は、子どもの発見者といわれるルソー（Rousseau, J. J. 1712-1778）、幼稚園の創設者フ

笑　　顔　　　　　　　　　　　　　　コラム

　院内学級という言葉は知っていたが、病棟保育という言葉を講義で初めて聞いた学生たちが、病院に見学に行きたいと申し出てきた。小児病棟に勤務する保育士に連絡をとると、見学は受け入れられないが、子どもたちが楽しめるものを提供いただけるなら是非にということであった。学生たちは早速、人形劇の製作・練習に取り組み、折り紙で作ったアンパンマンのメダルも用意して病棟に向かった。プレイルームに来ることができる子どもたちに、人形劇を上演し、メダルを渡して帰ってきた。

　後日、入院している子どものおばあさまからお手紙をいただいた。そこには、働く両親に代わって入院しているお孫さんのそばについていること、ご自分にはなかなかお孫さんを笑顔にさせることができないが、学生さんたちの人形劇を喜び、久しぶりにお孫さんの心からの笑顔を見ることができたこと、お孫さんにとってもご自身にとっても幸せなひとときであったと感謝の言葉が綴られていた。

　それ以来、学生たちは入院している子どもたちのためのボランティアサークルを立ち上げ、要請がある病院に出かけては、子どもたちに楽しい時間を提供するようになった。やがて、そのうちの何人かはプレイルームの消毒のボランティアに行くようになり、卒業論文で医療保育について研究し、一人は夢をかなえて難病の子どもたちが入院・治療する病院に就職していった。

　卒業した年の6月、久しぶりに会ったM子は疲れきった顔をしていた。病気の子どもへの保育の参考資料はほとんどなく、先輩保育士に相談してばかりの日々であること、何より辛い状況にある子どもたちやご家族に、どんな顔でお会いしてよいか分からず、自分が壊れてしまいそう、と涙ながらに語った。

　なるほど……。私が子どもの親であったなら、子どもの瞳に映るものは美しいもの、楽しいものであってほしい。悲しい顔よりも笑顔を映してほしいと思う、と話した。それから彼女は、最初に出会った入院児のおばあさまからいただいた手紙を読み、初心に帰って、笑顔の素敵な保育士となり、今や子どもから慕われ、ご家族からも信頼される医療保育専門士に成長している。

※医療保育専門士：　日本医療保育学会認定資格。保育士として医療機関に1年以上勤め、所定の研修の受講、論文審査と口頭試問合格により取得可能。

レーベル（Fröbel, F. 1782-1852）、そして日本の保育を導いた倉橋惣三（1882-1955）の言葉である。子どもに寄り添い、生涯をかけて教育や幼児教育に尽くした先人の言葉は、すで十分語り尽くされてきているが、現代にあってもなお、新しい。

「子どもを不幸にする方法は（中略）いつでもなんでも手に入れられるようにしてやること」ルソー

「しっかりと、自発的に、黙々と、忍耐強く、身体〔からだ〕が疲れるまで根気強く遊ぶ子どもは、きっと、また、有能な、黙々として忍耐強い、他人の幸福と自分の幸福のために献身する人間になることであろう」
「遊びは、幼児の発達の最高段階である。内面的なものの自主的表現であり、（中略）人間の最も純粋な精神的産物である」
フレーベル

「子どもの心もちは、極めてかすかに、極めて短い。かすかにして短き心もちを見落とさない人だけが、子どもの側にいる人である。その子の今の心もちのみに、今、その子がある」　倉橋惣三

　保育・教育を考えることは、子どもたちのいのちと向き合うことである。そして、自らのいのちについても考えるときとなる。子どもたちは見えないリュックを背負っている。また、私たちも皆、背負っているものがある。重い荷物を背負っている場合もあれば、軽い荷物の場合もある。しかし、それぞれが自分の荷物を背負って生きなければならない点では平等である。そのような人間による人間形成の営みが教育である。

引用・参考文献
網野武博（2016）「保育制度の変化と保育政策」日本保育学会編『保育学講座1　保育学とは―問いと成り立ち―』東京大学出版会、pp. 279-298
井桁容子（2017）「主体的で豊かな乳児の遊びの世界」『発達』Vol. 18 No. 150、pp. 23-28
太田光洋（2016）「子育て支援と保育」日本保育学会編『保育学講座5　保育学を支えるネットワーク―支援と連携―』東京大学出版会、pp. 7-25
大豆生田啓友（2016）「家庭との連携」日本保育学会編『保育学講座5　保育学を支えるネットワーク―支援と連携―』東京大学出版会、pp. 27-46
倉橋惣三（1996）『フレーベル新書12　育ての心（上）』フレーベル館、p. 30
厚生労働省（2017）『保育所保育指針』
子どもと保育総合研究所編（2013）『子どもを「人間としてみる」ということ―子どもとともにある保育の原点―』ミネルヴァ書房
酒井玲子（2011）『わが国にみるフレーベル教育の探求』共同文化社
内閣府・文部科学省・厚生労働省（2017）『幼保連携型認定こども園教育・保育要領』
フレーベル, F. 著、荒井武訳（1964）『人間の教育（上）』岩波文庫、p. 71
文部科学省（2017）『小学校学習指導要領』
文部科学省（2017）『幼稚園教育要領』
ルソー, J. J. 著、今野一雄訳（1962）『エミール（上）』岩波文庫、p. 119

第 4 章

保育・初等教育の目指す方向性
—子どもの育ちと学びを支える基準—

第1節　保育所保育指針のこれまでとこれから

1　これからの保育所保育指針

　2015 年の児童福祉法改正で、保育所保育対象の乳幼児の条件が、「保育に欠ける」子どもから「保育を必要とする」子どもに変わった。その事由として、就労の場合はフルタイムだけでなくパートタイムや居宅内の労働も認められ、その他虐待やドメスティック・バイオレンス（DV）のおそれがあることなども認められた。子どもの健やかな成長にとって保育の必要性があれば、保育は提供される必要があるとされ、このほかにも、子育て広場などの地域子育て支援拠点事業等、すべての家庭と子どもに選択肢は開かれた。

　2017 年の改定（平成 29 年 3 月 31 日厚生労働大臣告示、平成 30 年 4 月 1 日適用）では、2008 年指針で「生命の保持及び情緒の安定を図るために保育士等が行う援助や役割」とされた「養護」に関する事項が総則に示されて強調され、保育所における保育は「養護と教育を一体的に行う」ことが引き続き明記されている。

　今改定の特徴として一点目は、乳児・3 歳未満児の保育の意義をより明確に記載し内容の充実を図ろうとしていることである。特に乳児期は、発達の諸側面が未分化であるため、「身近な人と気持ちが通じ合う」「身近な物と関わり感性が育つ」「健やかにのびのびと育つ」の 3 つの視点から保育内容が整理された。受容的、応答的に行われる乳児保育の充実と 1 歳以上 3 歳未満児の保育の整理が目指された。

　二点目は、保育所保育における幼児教育の積極的な位置づけが行われたことである。保育所では環境を通して養護と教育を一体的に行っているが、幼稚園や幼保連携型認定こども園と並んで「幼児教育施設」として位置づけられ、教育にかかわる部分について各要領との整合性が図られた。幼児教育において育みたい子どもたちの資質・能力として「知識や技能の基礎」「思考力・判断力・表現力の基礎」「学びに向かう力、人間性等」が保育所保育指針・幼稚園教育要領とも共通して示され、「幼児期の終わりまでに育ってほしい姿」（10 の姿）が明記された。ここで、「幼児期の終わりまでに育ってほしい姿」が到達目標でないこと、個別に取り出されて指導されるものでないことに留意する必要がある。また、小学校教育との接続にあたって、就学前教育・保育の現場と小学校が連携し円滑な接続を図るよう努力が求められている。

　三点目は、子どもの育ちをめぐる環境の変化を踏まえた健康および安全についての記載が見直されたことである。社会状況の変化に伴い子どもの生活環境や生活体験も変化・多様化しており、子どもの命を守るために、子どもの健康支援や食育および危機管理体制を整備した安全な保育環境の

確保など記載内容の充実が図られている。

　四点目は、保護者・家庭および地域と連携した子育て支援の必要性を明確化したことである。多様化する保育ニーズに応じた対応や地域の社会資源との連携や協働を踏まえ、子育て支援に果たす保育所の役割を整理した「子育て支援」の章を新設した。

　五点目は、職員の資質・専門性の向上について、キャリアパスの明確化を見すえた研修機会の充実などを含めた記載内容の充実化を図り、体系的・組織的に職員の資質・向上を目指す方向性や方法等が明確化されていることである。

　2015年4月から施行された「子ども・子育て支援新制度」において、子どもの育ちと子育てを社会全体で支えようとしているが、0～2歳児の保育所利用児童数の増加や社会状況の変化に伴う子育て世帯の負担や孤立感の高まり、児童虐待相談件数の増加を背景として、より重要となる保育所の社会的役割が今次の改定に反映されている。日本の子どもたちが置かれた社会的状況のなかで、保育所は「子どもの命を守り育む」ために確実に機能することが求められている。

　保育所保育指針は、2008年告示のもの以来今回の新指針についても、厚生労働省は「改定」としている（文部科学省は幼稚園教育要領について、内閣府は幼保連携型認定こども園教育・保育要領について、「改訂」としている）。保育所保育指針は、時代のニーズに対応して保育所の仕組み・内容を充実させながら定められてきた。

2　保育所保育指針のこれまで

児童福祉法に基づく指針

　1947年の児童福祉法制定により「保育所」の法的根拠が与えられたが、戦前の「託児所」と新しい児童福祉施設としての「保育所」を区別し、「子どもの幸福」を目指した保育所の意義や社会的役割を示すため、文部省の発行した保育要領に加えて、厚生省児童局は1948年に「児童福祉施設最低基準」を、1950年に保育所運営要領を発行し、保育所に対する理解促進を図ろうとした。児童福祉法は「すべての児童」を対象としたものであったはずだが、当時の行政方針として、保育所は「保育に欠ける」児童を優先するという対象者の選択が保育所運営要領には示されていた。

　その後、1951年の児童福祉法改正においては、「保育に欠ける」児童の保育を保育所の目的として明文化し、幼稚園と保育所の違いを明らかにしようとした。その背景には、1947年の児童福祉法、学校教育法制定以後、異なる法体系に位置づけられ管轄省庁が違うとはいえ、同じく幼児を「保育」する場であり、保育所と幼稚園が混同したような状態が見られたことがある。幼稚園と保育所の補助金に対する違いもあり、幼稚園との混同を避けるために対象児童を限定する改正となった。「すべての児童」を対象とした児童福祉法の理念からは後退し、保育所の役割は限定的・部分的となったが、保育所の保育を真に必要とする子どもたちに保育が行き渡るようにするという意図や、女性の働く権利を保障するうえでの子どもに対する保育の機会保障という意味も含まれていた。こうして、戦前同様、3歳から6歳までの子どもを「保育」する場として保育所と幼稚園が区別される形となった。1952年には、保育指針が刊行された。

厚生省局長通知による保育所保育指針（1965年～）

　1950年代、第一次ベビーブーム（1947～1949年）による幼児数の増加に加え、高度経済成長期には生産力の急激な増大を支える大量の労働力が求められたため、産業構造だけでなく社会構造も変容

した。工場労働をはじめ産業の各部門で女性労働力が積極的に活用されるようになり、女性の社会進出が一気に進み、都市部への人口集中、核家族化も進行し、子どもや家庭および子育てを取り巻く環境は大きく変化した。そして、働く女性たち自身による保育所作り運動は盛んになり、「ポストの数ほど保育所を」とする地域の保育要求は全国各地に広がっていった。働く女性の権利要求としてだけではなく、1959年国連で可決された子どもの権利宣言（児童権利宣言）を契機として、子どもの成長、発達の保障は基本的人権であり、人権としての教育要求も背景にあった。

　一方、保育所が増加の一途をたどる1961年、厚生省は「児童福祉法による保育所への入所の措置基準」を通達し、「保育に欠ける」要件を「居宅外労働」「居宅内労働」「母親のいない家庭」「母親の出産等」「疾病の看護等」「家庭の災害」「特例による場合」の7項目を具体的に示したが、これは保育所と幼稚園の位置づけの違いをより強化することになった。

　1963年に中央児童福祉審議会保育制度特別部会は中間報告「保育問題をこう考える」を発表したが、そのなかの「保育7原則」では母親中心の「家庭保育」を重視していたため、子どもを持って働き続ける女性たちによる保育所欲求の高まりに沿うものではなく、批判を受けた。1964年に出された第二次中間報告「今保育所に必要なもの」では、これに対し保育所未設置自治体をなくすなど保育制度に対する行政の責任を明確化し、保育の社会化に対する積極的姿勢を打ち出した。

　1963年、文部省初等中等局長と厚生省児童局長の連名による通知「幼稚園と保育所の関係について」が出された。地方では増加する保育所と幼稚園の間で混乱が生じていたこともあって幼保一元化を求める声に対して、幼稚園と保育所が機能を異にすることを強調し、幼保の二元体制を固定する方向性を明確に打ち出した。

　1965年厚生省児童家庭局長通達として保育所保育指針が出され、保育内容充実・保育計画作成のガイドラインとされた。指針では、「養護と教育が一体となって豊かな人間性をもった子どもを育成する」と保育所における保育の基本的性格が明記され、保育所の機能の一つに教育が位置づけられた。「遊び」を中心とする子どもの生活特性を踏まえ、子どもの全体的な発達を図ることが目指されていた。「保育所の持つ機能のうち教育に関するものは幼稚園教育要領に準ずることが望ましい」という先の文部省と厚生省両局長の申し合わせ（「幼稚園と保育所の関係について」）を受けて、4歳以上では前年（1963年）に告示された幼稚園教育要領の6領域（健康、社会、言語、自然、音楽、造形）におおむね合致するように構成されている。

　1971年、中央児童福祉審議会は「保育所における幼児教育のあり方について」で意見具申を行い、保育所は「養護と教育を不可分一体のものとして」保育を行う機関であると述べられている。

幼稚園教育要領に準ずる改訂

　オイルショック後の日本は、景気変動を繰り返しながらも安定成長期であったが、1991年にバブル経済が崩壊し、低成長の時代に突入する。

　1970年代から1990年代にかけての20年間で、日本社会は大きく変容した。第二次ベビーブーム（1971～1974年）を境に、出生数、出生率ともに低下を続け、1989年に合計特殊出生率が1.57となった（1.57ショック）。高度経済成長期を通じて、女性は主体的な選択として働き続ける一方、妻も働かなくてはならない経済的必要性が共働き家庭の増加をもたらすと同時に、家電・交通網など文明の発達により生活環境は大きく変わり、都市への人口集中で遊び場・人間関係の喪失、治安・交通状況の悪化など、子どもが育つ場としての困難が増大した。この頃から児童虐待、いじめ、土踏まずの

新保育所保育指針に
「幼児教育」の言葉
が入りました！

形成遅れやアレルギー、「きちんとした姿勢を保てない」「すぐ疲れたという」「転んだときに手が出せない」など子どもにかかわる今日的な問題が指摘されはじめる。

　共働きの増加に伴い、保育所需要は増大したが、「保育見直し論」による国の保育予算削減が行われ、保育所抑制策で保育所不足のなか、劣悪な認可外保育施設として「ベビーホテル」が開設され事故も相次いだ。行政対応がなされたとはいえ、営利的託児施設の問題は、認可保育所不足という保育行政の遅れと子育てが孤立した不安定な状況であることが背景にあったといえる。

　同じ時期、他の先進諸国も日本と同様の傾向を示し出生率が低下していたが、育児と労働の両立を保障する政策を早めに推し進めた国では低下に歯止めがかかり、フランスでは出生率が向上した。

　このような社会背景のなか、1989年の幼稚園教育要領改訂に準じて、1990年には保育所保育指針の第一次改訂が行われた。1990年改訂では保育所における「養護と教育が一体」という保育の特徴のうち、生命の保持や情緒の安定など養護機能が重視された。乳児保育の必要性の高まりから年齢区分に「6か月未満の保育内容」を設け、3歳未満は発達の特性から見て領域を分けていない。3歳以上の保育内容は、幼稚園教育要領の改訂に伴いそれまでの6領域から5領域（健康、人間関係、環境、言葉、表現）となった。

　また、「環境による保育」を打ち出した幼稚園教育要領に準じて、保育所保育指針でも「指導」から「援助」に言葉が変更された。「保育者主導の保育から子ども中心の保育」への転換であり、幼児期の保育においては「自発性の発達を援助」する保育者の姿勢が求められた。子どもの遊びにおいては、保育者が先回りして指導するのではなく、ふさわしい環境を構成して子どもの主体的な遊びを尊重することが重要という考えであるが、この「指導」と「援助」の考え方をめぐっては、現場で混乱が見られた。

　1986年に施行された男女雇用機会均等法により、女性の就労分野が拡大し、1992年の育児・介護休業法の施行で女性も男性並みに働くことのできる環境が準備されたことにより、0歳児保育、延長保育等多様な保育ニーズが高まっていた。また核家族化による専業主婦の孤独な子育てが問題となっていたこともあり、子育て支援の拠点としての保育所の役割が求められていた。

　当時、子どもを預けるところがなく母親が仕事をやめざるを得ない、専業主婦も「1人目の子育

てがしんどくて2人目を産めない」などの切実な声が挙がってきていた。そうした状況を打開するために、「少子化対策」としての保育所の機能整備が求められ、1994年の「エンゼルプラン」では、0〜2歳の低年齢児保育、延長保育などの「多様な保育サービス」、地域の子育て拠点としての「保育所の多機能化」などが策定された。

　1999年の保育所保育指針第二次改訂も前年に行われた幼稚園教育要領の改訂に伴い、それまで保育内容で「年齢区分」とされてきた部分が「発達過程区分」となった。その年齢にある子どもならできるとした均一な発達観から一人ひとりの発達過程を理解しようとする発達観へと転換した。領域に示された「ねらい」は総合的に達成されるように期待される心情、意欲、態度などをまとめたものであった。また、健康・安全に関する留意事項のなかに、乳児保育についての配慮、乳幼児突然死症候群やアトピー性皮膚炎などの疾病異常に対する対応、虐待などへの対応が挙げられた。そして、保育所の役割として子育て支援という社会的役割が明記された。

　1999年に新エンゼルプランが策定され、2003年には次世代育成支援対策推進法や少子化対策基本法が施行されたが、2005年には、合計特殊出生率が1.26まで低下した。この間2001年には、児童福祉法の一部改正で保育士資格が法定化され、有資格者のみに「保育士」という名称を使わせるようにした。社会が、保育を担当するための専門性を有していると担保することとなったのである。

保育所保育指針の告示化

　孤立した子育てが問題となり、幼稚園にも子育て支援や長時間保育が求められるようになり、文部科学省は子育て支援事業や預かり保育の推進を図ったため、3歳以上の幼児の生活する場として幼稚園と保育所の相違は管轄省庁以外希薄化した。幼稚園と保育所を一体的に運営する「総合こども園」構想には各方面から反発があり、調理室は原則設置、株式会社参入は認めないなどとした認定こども園制度が2006年に始まった。応益負担（園が保育料を決める）である幼稚園と応能負担（親の所得で保育料を決める）の保育所の二元化行政を一元化することなく開始され、運営費補助金は文部科学省から来る幼稚園部分、厚生労働省から来る保育所部分と別れているうえ、認定こども園は内閣府の所管であることから、「三元化」したとの批判もある。

　これまで、保育所保育指針は厚生省局長「通知」であり、ガイドラインとして扱われてきたが、2008年の改定からは法的拘束力を持つ「告示」となった。告示化に伴い、保育基準として規定する事項を、すべての保育所が守れるよう要点を絞った基本的な内容とする「大綱化」が図られた。

　基本の柱として、「環境を通して養護と教育が一体」となって保育が進められること、発達過程の8区分（6ヶ月未満、6ヶ月から1歳3ヶ月未満、1歳3ヶ月から2歳未満、2歳、3歳、4歳、5歳、6歳：いずれも「おおむね」）と、保育内容5領域は踏襲された。ここで「養護」とは「子どもの生命の保持及び情緒の安定を図るために保育士等が行う援助や関わり」であり、「教育」とは「子どもが健やかに成長しその活動がより豊かに展開されるための発達の援助」である。すなわち、保育所の生活では養護（生命の保持と情緒の安定）が基礎となって、それに支えられた教育（5領域から見た子どもの育ち）が進められていくといえる。また、子どもの生活の連続性や発達の連続性に留意して保育課程が編成され、それに基づき指導計画を作成、展開を記録し「自己評価」することによって保育の質の向上を図ろうとしている。子どもの生活や発達の連続性を保障する意味でも「小学校との連携」が明記された。さらに、食育の推進や保護者支援、地域の子育て支援についても明記され、職員の研修等を含む職員の資質向上が求められた。この改訂では、用語や内容において幼稚園教育要領との共通点が増え、

就学前教育の場としての整合性が図られたといえる。

第2節　幼稚園教育要領のこれまでとこれから

1　これからの幼稚園教育要領

　2017年、第五次改訂が行われた幼稚園教育要領では、前文に教育要領の意義が述べられ、基本原則を示す総則の内容が必要な事項ごとに分かりやすく整理された。

　幼児教育の基本である「環境を通して行う教育」の考え方は変わらず、幼稚園教育において育みたい資質・能力が明確化された（保育所保育指針、幼保連携型認定こども園教育・保育要領も共通）。この資質・能力は、5領域において遊びを通して総合的に育んでいくことが重要であり、個別に取り出して身につけさせるものではないことに留意する必要がある。また、5歳児終了時までに育ってほしい具体的な姿を「幼児期の終わりまでに育ってほしい姿」（保育所保育指針、幼保連携型認定こども園教育・保育要領も同様）として明記し、小学校と共有することによって幼児教育と小学校教育との接続を推進しようとしている。小学校学習指導要領においても、「幼児期において自発的な活動としての遊びを通して育まれてきたもの」を小学校での学習に円滑に接続されるような配慮が求められている。小学校低学年は、学びがゼロからスタートするのではなく、幼児教育で身につけたことを生かしながら教科等の学びにつなげようとするものである。

　さらに、幼児一人ひとりのよさや可能性を把握するなど、幼児理解に基づいた評価を実施するためには、他の幼児との比較や一定の基準に対する達成度という観点で捉えるものではない、という留意点が明記されている。

　加えて、幼児の発達に即して主体的・対話的で深い学びを実現するために、心を動かされる体験が相互に結びついた生活や言語活動などの充実を図るとともに、障害のある幼児など特別な配慮を必要とする幼児への指導を充実することが明記された。子どもや保育者とのかかわりから見通しや振り返りができるように工夫することや情報機器の活用も挙げられている。幼稚園教育における教育課程の編成と実施・評価をしていくうえで、カリキュラム・マネジメントの重要性が指摘されている。

　第三次、第四次改訂でも挙げられた「預かり保育」についても、幼稚園において常態化しており、幼児の生活全体が豊かなものとなるよう、登園から降園までの幼児の生活全体を捉えた全体的な計画を作成することが求められている。幼児の生活が家庭を基盤として地域社会とつながり、広がりを持つものであり、地域の社会資源を活用するだけでなく、保育所・認定こども園・小学校・中学校・高等学校・特別支援学校などとの連携も指摘されている。引き続き、家庭との連携から保護者の幼児期の教育に対する理解が深まることも目指されている。

　日本の保育・幼児教育を取り巻く社会状況の歴史的変遷については、前節に詳しく述べたので参照してほしい。1948年、幼稚園・保育所・家庭における幼児教育の手引きとして文部省が発行した保育要領以来、おおむね10年ごとに幼稚園教育要領は改訂が行われてきた。

はじまりは「保育要領―幼児教育の手引き―」

　現在の幼稚園教育要領や保育所保育指針のはじまりは、1948年に文部省により発刊された「保育要領―幼児教育の手引き―」で、「幼稚園の教育の実際についての基準」だけでなく保育所等や家庭の母親にも利用される、保育の内容的にはすべての幼児に対するものとして意図されていた。これは教育基本法第3条に掲げられた「教育の機会均等」を実現しようとするもので、幼児教育にかかわるすべての人に向けられた手引きであった。

　また、幼児期の遊び中心の生活を重視し、休息・午睡（昼寝）のバランスを説き、子どもの主体性を尊重し生活内容が豊かになるような保育者の指導性を指摘していた。家庭との連携や「小学校との連絡」についても言及されており、今日においても課題となっている論点を含んでいる。戦後直後のこの時期、保育に対する理念と保育内容において共通理解を目指した手引きであった。

　当時、幼児期における保護的要素を包含した教育機関を一元的に文部省所管とする意見があったが、義務教育の議論が中心で、戦前の仕組みを抜本的に見直した小学校以降の総合的な教育政策のなかに幼稚園・保育所は位置づけられることはなかった。幼児期の保育については、戦前の枠組みを踏襲する形で法的に位置づけられ、以後、何度か見られた保育を一元化して考える機運は実現せず、現在に至っている。

（注）広島県深安郡加法村立自彊小学校における合同運動会（1950年代）の様子、同小学校内に設立開所されていた加法村立ふたば保育所の子どもたち（福山市立ふたば保育所提供）。

2　幼稚園教育要領のこれまで

幼稚園教育要領の刊行

　1956年、小学校学習指導要領の改訂などの影響もあり、「幼稚園教育要領」が刊行された。このとき、小学校と同様に「学習指導要領」とすべきという意見もあったが、幼児期は遊びを中心とした保育方法・内容が必要であり、幼児が幼稚園において体験から学ぶことと小学校以降の「学習」とは異なるので、幼児教育の重要性を意味する「教育要領」という名称がとられた。

　この幼稚園教育要領の特徴は、保育内容を小学校と一貫性を持たせるように「健康」「社会」「自然」「言語」「絵画制作」「音楽リズム」の6領域に整理された点である。「領域」と「教科」は性格が異なることが示され、幼児期は「教科というような枠で学習させる段階ではない」「小学校の教科指導の計画や方法を、そのまま幼稚園に適用しようとしたら幼児の教育を誤る結果となる」と明言されている。実際には幼稚園において、小学校の準備教育のような領域別指導も見られたので、教育課程審議会からの答申では「幼児の知識や技能の習得に偏した教育を行っている幼稚園もみられるが、これらは幼稚園教育の本旨に沿わない」とはっきり述べられた（「幼稚園教育課程の改善について」1963年）。

幼稚園教育要領の告示化

　幼稚園教育要領は第一次改訂（1964年）で告示化され、幼稚園教育の大綱基準として示された。前

教育要領同様、幼稚園教育は小学校教育とは異なり、幼稚園教育の特質に基づき、「領域」は小学校の「教科」と異なるものであることを再度明記しているが、6領域は変わらず、教師の指導性・計画性を重視する傾向は踏襲されている。これ以降の改訂はいずれも告示で出されている。

子ども中心の保育、環境を通した保育へ

　幼稚園が小学校への準備教育という傾向は変わらず、知識・技能中心の指導に対する批判的検討から、第二次改訂（1989年）では、幼稚園教育は「環境」を通して行われるという基本理念が明記された。幼児の主体的な活動としての遊びを通じた保育が重視され、小学校教育の教科に準じた扱いとなりがちな6領域を「健康」「人間関係」「環境」「言葉」「表現」の5領域に再編し、以後現在に至る。幼児が「自ら～する」という記述が多く出現し、「教師主導の保育」から「子どもの自発性を重視する保育」へと転換した。前要領は本文が30ページを超えるものであったが、11ページへとまとめられた。幼児教育と小学校教育の連続性を重視する考え方は、小学校の新科目「生活科」（1989年版　小学校学習指導要領）に盛り込まれ、1992年より全面実施された。

　それまでの幼稚園では「～ができるようになる」という到達目標であったが、「気づく」「興味や関心を持つ」という方向目標へと、すなわち保育者主導の設定保育型から自由遊びを中心とする環境設定型へと、保育の視点が転換した。子どもの主体性を尊重する保育では、「一人一人の幼児」が「自ら意欲を持って環境と関わ」り、「自ら活動を展開していくことができるよう必要な援助」が求められたが、子ども一人ひとりに応じた適切な「援助」に対する理解が追いついていない状況もあった。これまで幼児を「指導」することが幼稚園教育とされてきたなかで、子どもを見守り「興味や欲求を十分に満足させるような」保育者の「援助」とはどういうものなのかが十分に理解されず、現場では「自由放任」保育との混同も見られたようである。子どもの意欲や主体性を尊重した活動を展開する幼稚園もある一方、小学校における学級崩壊や「小1プロブレム」の問題が顕在化したことで、それが自由遊びに原因があるとされたり、「保育者の援助」の意義が十分に理解されなかったりしたことから、保育者が主導して集団活動などを行う幼稚園もあり、1989年改訂を機に私立幼稚園の多様化が進んだ。

社会の変化に対応した改訂

　1998 年の第三次改訂では、幼稚園教育の基本は、幼児の特性を踏まえ、「環境を通して行うものであること」など、前教育要領の基本姿勢や保育内容は踏襲され、子どもの「主体的」な活動を尊重する記述が多く見られるようになった。「生きる力の基礎」を育成することが目標として挙げられ、子どもの主体性とその援助・指導のバランスに配慮された内容となっている。

　さらに子どもを取り巻く社会状況の変化によって、地域に開かれた幼稚園として、子育て支援のための地域における幼児教育センターとしての役割も明記された。長時間保育のニーズからも預かり保育に関しての対応についても記述された。

発達の連続性を踏まえた幼稚園教育

　2008 年の第四次改訂では、子どもたちの育ちの変化や社会状況の変化に対応し、発達と学びの連続性および幼稚園生活と家庭・地域社会における生活との連続性を考慮した幼稚園教育の充実が目指された。領域「健康」では、幼児の生活や食について配慮した記述が増えた。

　第 3 章「指導計画及び教育課程に係る教育時間終了後等に行う教育活動などの留意事項」では、幼稚園教育と小学校教育との円滑な接続を目指した連携の充実を図ること、家庭・地域との連携を深め、幼児の生活が連続性を保ちつつ展開されることが明記された。家庭との連携において、保護者の幼児期の教育に対する理解を深めることも目指されている。前幼稚園教育要領でも触れられた「預かり保育」については、章の名称にも挙げられるように、幼児の心身の負担に配慮しながらその充実を図ろうとしており、引き続き幼稚園が果たす地域における幼児教育センターとしての社会的役割についても述べられている。

第 3 節　幼保連携型認定こども園教育・保育要領のこれまでとこれから

　2012 年、子ども・子育て関連 3 法が制定 (2015 年施行) され、すべての子どもに質の高い教育・保育を提供することを目標に掲げた子ども・子育て支援新制度がスタートした。2014 年には幼保連携型認定こども園教育・保育要領が告示されたが、3 年後の 2017 年に、保育所保育指針の改定および幼稚園教育要領の改訂に足並みをそろえ、こちらも改訂された。保育所も幼稚園も幼保連携型認定こども園も、日本の子どもたちにとって変わりなく重要な「幼児教育施設」として位置づけられたのである。

　幼保連携型認定こども園における教育・保育の基本は従来と変わりないが、保育所保育指針・幼稚園教育要領同様、育みたい資質・能力および「幼児期の終わりまでに育ってほしい姿」は総則に組み込まれ、カリキュラム・マネジメントや小学校との接続についても触れられた。

　ねらいおよび内容ならびに配慮事項では、保育所保育指針同様、乳児保育に関する内容および満 1 歳以上満 3 歳未満児に関する内容を充実させ、満 3 歳以上児についても保育所保育指針・幼稚園教育要領との整合性を図ろうとしている。幼保連携型認定こども園は、保育所・幼稚園とともに 3 歳以上の幼児期の施設として、同一の内容で保育・幼児教育が行われ、幼児教育と小学校以降の教育の連続性を確保しようとしている。

　幼保連携型認定こども園では、在園時間が異なる 0 歳～就学前の園児が一緒に過ごしており、子ども一人ひとりの生活の連続性やリズムの多様性に配慮する必要がある。満 3 歳未満児については、

「保護者支援」から
「子育て支援」に
変わったよ

地域の子育て中の家族も
支援することになったのね

睡眠時間の個人差に配慮するとともに、満3歳以上児には集中して遊ぶ場と家庭的な雰囲気のなかでくつろぐ場との適切な調和等の工夫が求められている。午睡（昼寝）は生活のリズムを構成する重要な要素として、安全な午睡環境が確保されるよう、個々の発達に応じての配慮が示されている。

　満3歳未満児に対しては異年齢活動を構成するとともに、満3歳以上児には同一学年の園児で編成される学級による集団活動のなかで、遊びを中心としてともに育ち、学び合いながら豊かな体験を重ねることができるよう工夫が求められている。

　満3歳以上児の入園が多いことを踏まえて、新しい環境での生活に慣れるよう家庭や他の保育施設等との連携や引き継ぎを円滑に行うなど配慮が求められている。さらに、満3歳以上児は長期的な休業中、家庭や園など生活の場が異なることを踏まえ、それぞれの多様な生活経験が長期休業終了後の園生活に生かされるような工夫が必要とされている。

　今回の改訂で、「子育て支援」は独立した章として示された。子どもの利益を最優先とし、保護者および地域が有する子育てを自ら実践する力の向上が目指されている。幼保連携型こども園の特性を生かし、保護者の気持ちを受け止めると同時に保護者の自己決定を尊重し、保護者との相互理解を図ることが必要であり、保護者同士の相互理解や交流が深まり子育てに対する新たな考えに出会い気づき合えるような工夫も大切である。地域の子どもに対する一時預かり事業を含め、園が地域の関係諸機関との連携や協働を図り、地域における乳幼児期の教育および保育の中心的な役割を果たすよう求められている。

　今回新しく加えられ強調されているのは、「災害への備え」である。災害発生時の対応体制および避難への備えについて、「認定こども園法第27条において準用する学校保健安全法第29条の危険等発生時対処要領を作成する際には、緊急時の対応の具体的内容及び手順、職員の役割分担、避難訓練計画等の事項を盛り込むこと」とあり、避難訓練だけでなくいざというときのための園内体制を整えておく必要があることが明記されている。東日本大震災での教訓から、子どもの引き渡しについても保護者とよく連携しておくこと、地域との連携を強化すること等が求められている。

第4節　保幼小連携とこれからの乳幼児初等教育

　就学前は環境を通した保育が重視され、「子どもの生活や遊びを通して相互に関連を持ちながら、総合的に」学びの芽生えを育ててきたのに対し、小学校では各教科等の学習内容について授業を通して系統的に時間割に沿って学んでいく。生活リズムについても教育方法についても環境は激変し、入学直後の子どもたちは少なからず不安や緊張を感じているのが実際のところである。

　遊び中心の生活のなかで、頭も心も体も動かしてさまざまな対象と直接かかわりながら総合的に学んでいく幼児教育から、教育課程に基づいて系統的に学習する小学校の教育を円滑に接続させるために、保育所保育指針（2008年）および幼稚園教育要領（2008年）には、小学校と積極的に連携を図ることが明記された。小学校学習指導要領解説　生活編（2008年）には、「小1プロブレムなどの問題が生じる中、小学校低学年では、幼児教育の成果を踏まえ、体験を重視」することが述べられ、「そもそも生活科新設の趣旨のなかには、幼児教育との連携が重要な要素として位置付けられて」いたことを指摘し、子どもたちが小学校生活に適応するために「生活科が果たすべき役割には大きなものがある」としている。

　前章にも示したように、2017年に告示された保育所保育指針、幼稚園教育要領および幼保連携型認定こども園教育・保育要領においては、幼児教育を担う施設として、教育にかかわる部分についての整合性が図られ、幼児教育において育みたい子どもたちの資質・能力が共通して示されるとともに、「幼児期の終わりまでに育ってほしい姿」が明記された。これと呼応して、小学校学習指導要領（2017年）総則には、「学校段階等間の接続」を図るよう指摘されており、「幼児期の教育を通して育まれた資質・能力を踏まえて教育活動を実施し、児童が主体的に自己を発揮しながら学びに向かうことが可能になる」よう配慮することが明記された。また、「小学校入学当初においては、幼児期において自発的な活動としての遊びを通して育まれてきたこと」を大切にし、各教科学習に円滑に接続するよう「生活科を中心に、合科的・関連的な指導や弾力的な時間割の設定」を行うスタートカリキュラムの充実が目指されている。生活科においても、「幼稚園教育要領等に示す幼児期の終わりまでに育ってほしい姿との関連を考慮する」よう述べられ、「小学校入学当初においては、幼児期における遊びを通した総合的な学びから他教科等における学習に円滑に移行し、主体的に自己を発揮しながら、より自覚的な学びに向かうことが可能となるように」配慮が求められている。幼児期の教育との連携や接続を意識したスタートカリキュラムは、「生活科固有の課題としてではなく、教育課程全体を視野に入れた取組とすること」が求められている（小学校学習指導要領解説　生活編）。

　2017年の改訂では、就学前の幼児教育から小学校教育へと接続する内容が共通して指摘され、まずは第一歩として、小学校へ入学するまでに子どもが生活や遊び体験のなかで培ってきた「それまでの育ち」を小学校が把握し、就学前施設と共有することからはじめ、「それからの育ち」を確実に支えていこうとするものである。

　今回明記された幼児期の学びが遊びや体験を通した総合的なものであること、環境を通して学んでいくことについては、小学校低学年の学びにおいても以前から取り沙汰されてきた。1975年の教育課程審議会「第一委員会のまとめ」では、「第一学年においては、児童の発達にいわゆる未分化な状態もあることを考慮」する必要があると述べられ、同年同審議会の中間まとめでは「総合的な指

事例：日　　本

　広島県福山市の保幼小連携は、市内全保幼小が参加する年2回の合同研修会に加え、他の自治体と異なりモデル校（指定校）を置かないで問題意識の強い学区が主体的に取り組んでいる。2013年度から福山市立樹徳小学校では保幼小連絡協議会を開催（年間5～6回）して、学区内の4園所（公立保育所・公立幼稚園・私立幼稚園・私立こども園）と小学校が連携することで、接続期（5歳児のはじめから小学校1年の終わりまでの2年間）の育ちを保障しようとしている（『保育ナビ』12月号、フレーベル館、2017、p. 28-33）。

　2015年度に作成したアプローチカリキュラムを検討し、2016年度は8月の小学校夏休み期間中の給食交流（小学校教員が保育所・こども園等に給食を食べに行く）、11月の球根植え（5歳児が植えるのを1年生が手伝う〔生活科〕）など、小学校との連携が発展した。2017年度も継続しているが、2016年度5歳児のときに連携活動を経験した現1年生が、クラスで指導的役割を果たす、他者意識を持った配慮ある行動がとれるなど、幼児期の育ちが小学校生活での成長につながっていると担任は感じている。また、この学区では就学前と小学校の連携だけでなく、保育所・幼稚園・こども園という就学前施設間の連携が密であることも特徴である。異校種の先生たちが仲よくすることで、その姿を5歳児は敏感に感じ取り、子どもたちの入学時の不安を軽減し安心して新しい環境に踏み出す後押しとなっている。2017年度は連絡協議会に隣接学区の校長も参加するなど、樹徳学区の保幼小連携は近隣を巻き込みながら、草の根のようにたくましく着実に広がりを見せている。

小学校と連携して作成した福山市立樹徳保育所アプローチカリキュラム（2016年度、抜粋）

（出典）2016年度福山市保幼小連携実践報告会（2017年2月21日）資料。

表4-1　生活科の具体的な視点と幼児期の終わりまでに育ってほしい姿

小学校学習指導要領	保育所保育指針・幼稚園教育要領・ 幼保連携型認定こども園教育・保育要領
生活科における内容構成の具体的な視点	幼児期の終わりまでに育ってほしい姿
健康で安全な生活 身近な人々との接し方 地域への愛着 公共の意識とマナー 生産と消費 情報と交流 身近な自然との触れ合い 時間と季節 遊びの工夫 成長への喜び 基本的な生活習慣や生活技能	健康な心と体 自立心 協同性 道徳性・規範意識の芽生え 社会生活との関わり 思考力の芽生え 自然との関わり・生命尊重 数量や図形、標識や文字などへの関心・感覚 言葉による伝え合い 豊かな感性と表現

導による効果」が指摘されている。これが、1986年の臨時教育審議会第二次答申で「小学校低学年の児童は、発達段階的には思考や感情が未分化の段階にある」とし、「幼児教育から小学校教育への移行を円滑にする観点から」「児童の具体的な活動・体験を通じて総合的に指導できるよう検討」の必要性が示され、そのために新教科である生活科が1989年に誕生した。

　生活科の内容を構成する基本的な視点は創設以来、①自分と人や社会との関わり、②自分と自然との関わり、③自分自身、の3点であるが、2008年以降の学習指導要領では具体的な視点として11項目が挙げられている（表4-1参照）。両者に共通する項目が多く見られることから、幼児期における育ちを小学校に円滑に接続するものとして、生活科が重要な役割を果たしていることが分かる。

　ここで、「幼児期の終わりまでに育ってほしい姿」は、4歳児、3歳児、2歳児、1歳児、0歳児とそれぞれの時期にふさわしい成長の積み重ねがつながったものであることに留意しなくてはならない。子ども一人ひとりの心身の状態や発達過程を的確に把握して子どもの発達欲求を適切に満たしながら、かかわっていくことが大切である。

　就学前の子どもたちの「それまでの育ち」を、小学校以降の「それからの育ち」に確実につないでいくためには、就学前教育の現場から小学校へのアプローチも必要であり、子どもの発達の連続性を中心にすえて、子どもが関係する施設の種類を越えた連携が現場に求められている。

事例：フランス

　幼児教育としての保育を一元的に担う「保育学校」を、19世紀末に学校教育体系に組み入れた国がフランスである。1820年代に慈善家によって開設され「避難所」的側面を持ち合わせていた保育所は、産業革命の発展期となる1830年代以降、幼児に対する「教育施設」であると同時に「社会福祉施設」としての機能が明確化され、初等教育の第一段階として位置づけられていく。1900年代に入り、保育学校が小学校教育の下請け（早期教育）ではなく、初等教育全体のなかで小学校とは異なる保育学校の独自性を主張し、幼児期の発達課題を遊び中心の生活から達成しようとした。身体活動を伴うさまざまな幼児期の活動欲求を尊重する保育学校の理念はフランスで現在も貫かれている。

　フランスの初等教育は保育学校と小学校から構成され、国家公務員である初等教育教員は一元的に養成され免許に区別はない（小学校にも保育学校にも赴任する）。保育学校は国民教育省（Ministère de l'Éducation Nationale）の管轄で義務教育ではないが保育料は無償、法律で3歳児からの受け入れが保障されているのでほぼすべての3〜5歳児が通い（条件によっては2歳児も受け入れ）、Programme（保育学校における教育要領に相当するもの）に従って、おおむね8時半から16時半まで生活する（施設・設備等は自治体が管理）。給食・午睡（昼寝）・延長保育もあり、日本の保育所とほぼ同じような生活を送っている（給食・延長保育は実費負担だが、家庭の所得によって減免がある）。

　フランスの保育学校に特徴的なことは、ATSEM（自治体雇用の保育学校補助職員）の存在である。ATSEMは保育学校生活における主に養護の部分（食事、排泄、午睡〔昼寝〕、延長保育等）を担当するだけでなく、教育活動における準備等、教員を補助する。1クラスに担任教員と補助員の2人の大人がつき、養護と教育を一体的に行う形態が一般的である。

　保育学校入学前の0〜3歳児の保育は、施設型保育として集団保育所、企業内保育所、小規模保育所、一時託児所などが挙げられ、家庭型個別保育としての認定保育補助者（l'assistant(e) maternel(le)）による自宅での保育のほか、家庭的保育と集団保育を組み合わせた形態もあり、家庭や子どもの状況に応じて多様な保育形態のなかから選択することが可能である。

　乳幼児保育については、連帯・保健省（Ministère des Solidarités et de la Santé）が管轄し、財源である全国家族手当金庫（CNAF）とその地方組織の家族手当金庫（CAF）が自治体と連携して地域の保育政策を実行している。子ども・子育て家庭に対する財源が、他の社会保障制度（健康、障害、年金、失業、介護など）とは切り離されて確保されているので、社会状況や他の社会保障政策に左右されることなく安定的に保育政策が展開されていることが特徴である。家庭の状況によってさまざまな給付や手当を受けることができ、子どもが育ちやすい・子育てしやすい環境を「連帯」意識のもと作り上げている。

　フランスでは、所得・就労といった家庭の状況にかかわらず、乳児期からはじまる保育の機会均等は社会保障で、初等教育の機会均等は保育学校からはじまる教育システムで、保障しようとする社会体制に対する国民的支持が強く、政権が替わろうともこのシステムは現在も継続している。

高い出生率（2.0前後〔2006〜2015〕）の秘密
〈http://donnees.banquemondial.org/indicateur//SP.DYN.TFRT.IN?
locations=FR参照〉

（出典）大庭三枝（2010）「フランスの子育て支援政策―家族給付と保育学校の両輪―」『第63回日本保育学会発表資料』を改変。

（注）写真左：担任（手前左端横顔）とATSEM（向こうのテーブル、白衣の大人）が行うグループ活動（保育学校）、中：乳幼児保育所の手洗いの様子（いずれもフランス中西部 Saint-Cyr-sur-Loire 市）、右：フランスの子育て号。

引用・参考文献

大庭三枝（2016）「保育学校現場の視点から考える幼児期の学び」『フランス教育学会紀要』第 28 号、pp. 19–28

大庭三枝・高月教恵（2015）「福山市における保幼小連携に関する研究（平成 24〜26 年度）の分析」『平成 26 年度　福山市立大学重点研究報告書』

厚生労働省（2008）『保育所保育指針解説書』

厚生労働省（2017）『保育所保育指針』

汐見稔幸・松本園子・高田文子・矢治夕起・森川敬子（2017）『日本の保育の歴史—子ども観と保育の歴史 150 年—』萌文書林

高杉自子・平井信義・森上史朗（1989）『'89 告示幼稚園教育要領の解説と実践〔5〕幼稚園教育要領を理解するための資料』小学館

民秋言編（2016）『幼稚園教育要領・保育所保育指針の変遷と幼保連携型認定こども園教育・保育要領の成立（第 2 版）』萌文書林

内閣府・文部科学省・厚生労働省（2014）『幼保連携型認定こども園教育・保育要領、幼稚園教育要領、保育所保育指針〈原本〉』

早瀬眞喜子・山本弥栄子（2016）「幼稚園教育要領・保育所保育指針の変遷と保育要領を読み解く」『プール学院大学研究紀要』第 57 号、pp. 365–380

藤井穂高（1997）『フランス保育制度史研究』東信堂

正木健雄（2012）『正木健雄先生の子どものからだと心を科学する』合同出版

松島のり子（2015）『「保育」の戦後史』六花出版

文部科学省（2008）『小学校学習指導要領解説　生活編』

文部科学省（2008）『幼稚園教育要領解説』

文部科学省（2017）『幼稚園教育要領』

文部科学省（2018）『小学校学習指導要領』

文部科学省国立教育政策研究所教育課程研究センター（2015）『スタートカリキュラムスタートブック』

吉富芳正・田村学（2014）『新教科誕生の軌跡—生活科の形成過程に関する研究—』東洋館出版社

第 5 章

保育・幼児教育のはじまりと思想
―子どもを見つめた先人たち―

　子どもとは何か、保育・教育とは何か。こういうことについて、いつ頃から、どのような人々が関心を示し、どのように考えて今日に至ったのであろうか。歴史の流れを追いながら、そのなかで、保育・教育に大きな影響を与えた人物とその思想を本章で概説する。

第1節　欧米における保育・教育のはじまりとその変遷

1　子ども観と保育思想

　教育の定義を、その言葉の由来から考えてみたい。教育を表す英語の education は、ラテン語の動詞 educare に由来している。e（＝ex）は「外へ」、ducare は「引く」という意味であることから educare は「外に引き出す」という意味である。education には、引き出す、導き出すという意味があると考えられる。外から詰め込むのではなく、子どもの潜在能力を内から引き出すという意味である。しかし、歴史の流れをたどってみると、教育は子どもの潜在能力を引き出すというその思想は、17、18 世紀の近代に成立したものである（森 1977：36）。

コメニウス

　「あらゆる人にあらゆる事柄を教える」ことを目指したチェコスロバキアのプロテスタント牧師

　測量師は、塔の高さや場所の距離を、四分儀か測量棒ではかります。
　事物の形を、ものさし、直角定規［ちょっかくじょうぎ］、コンパスにしたがって、線、角、円で表示します。
　これらから卵形、三角形、四角形および他の図形が生まれます。
（出典）コメニウス, J. A. 著、井ノ口淳三訳（1988）
　　　　『世界図絵』ミネルヴァ書房、p. 112。

のコメニウス（Comenius, J. A. 1592–1670）が、近代の教育思想の幕開けであり、彼は「近代教授学の父」と呼ばれている。

　コメニウスは、主著『大教授学』（1657 年）のなかで、教育目的、教育改革の原理、教授の原則、各科教育論および学校制度論を体系的に論じている。「あらゆる人にあらゆる事柄を教える普遍的な技法を提示する」という『大教授学』の扉の言葉は、この本の考えをはっきりと示している。また、世界で初めての絵入り教科書『世界図絵』（1658 年）を著し、感覚（視覚）を通して事物を具体的に、直感的に捉えることを目指した。

　コメニウスによれば、教育は、組織化された学校教育を通して、最適な時期に教育されなければならない。彼の生きた時代は旧教徒（カトリック）と新教徒（プロテスタント）が激しく対立した、三十年戦争

（1618-1648）の時代であった。その宗教戦争の絶望の淵から人類を救う道を、子どもの教育に見いだ
そうとしたのである。

　また彼は、幼児教育最古の古典といわれる『母親学校指針（Informatorium Scholae Maternae）』（1663
年）のなかで、幼児期の教育を学校教育の基礎として考え、子どもの能力・特性を生かして教育す
る必要を強調した史上初めての人といえる（日名子 1990：13）。

ロック

　コメニウスにやや遅れて、イギリス経験論の哲学者ロック（Locke, J. 1632-1704）は、『教育に関す
る考察』（1693年）のなかで、典型的な紳士教育論を論じている。それはまた「つくる」教育の典型
であった。

　ロックは、人間の精神にはあらかじめ刻み込まれた生得的観念は存在せず、私たちが学び取るす
べての事柄は、感覚・経験・教育からやってくるものであると考えた。

　子どもは「白紙、あるいは好きなように型に入れ、型の与えられる蜜蠟にすぎない」（ロック
1967：333）というのが、ロックの子ども観であり、彼の精神白紙説（tabularasa）は、人間形成におけ
る教育（環境）の決定的役割、幼児教育の重要性を確信させるものとなった。

ルソー

　ルソー（Rousseau, J. J. 1712-1778）は、エミールを主人公とした教育小説『エミール』（1762年）を公
にするに及び、その後の近代的教育学の発展を方向づけることとなった。

　ルソーの生きた時代はフランス革命前夜の絶対王政末期の社会であり、『エミール』のなかで、
その時代の貴族社会の子育てを批判の対象としている。いかに早くテーブルマナーを身につけ、社
交の礼儀を習得するかといったような、貴族社会のルールを身につけることが勝ちとされていた。
それに対して、ルソーは、「子どもの自然」へ働きかけることが基本であるとした。子どもには子ど
もにとって固有の自然があり、それに配慮した働きが必要であるということである。

　さらに、ルソーは、子どもを市民社会や近代国家という共同体を担う成員に至らない未熟な成員、
小さな大人と見る従来の子ども観から、大人とは異なる存在として子どもを見つめる子ども観を誕
生させた。このような「子どもの発見」がルソーの最大の功績であり、今日の私たちが持っている
子どもへのまなざしがルソーによって誕生したのである。

ペスタロッチ

　ペスタロッチ（Pestalozzi, J. H. 1746-1827）は、貧しい民衆とその子
どもたちの教育に生涯を捧げた教育実践家であった。それまでの、
家庭教師による貴族的な教育を、初めて民衆のためのものとした先
駆者である。ノイホーフの貧民学校やシュタンツの孤児院で民衆教
育を実践した彼は、教育こそ貧民の不幸を救い、彼らを立ち直らせ
る基本的手段であると考えた。

　ペスタロッチは、『隠者の夕暮れ』（1780年）のなかで、「玉座の上
にあっても木の葉の屋根の陰に住まっても同じ人間、その本質から
みた人間、いったい彼は何であるか」（ペスタロッチー 1993：7）と述
べている。人間はすべて生まれながらに平等な人間性を持った存在
である、という思想を持っていた。

（出典）小澤周三・影山昇・小澤
　　　磁子・今井重孝（1993）
　　　『教育思想史』有斐閣。

また、ペスタロッチの教育方法の思想は「自然という賢明な指導者の力と秩序」に基づいており、コメニウスやルソーの思想を引き継ぐものである。つまり、教育とは、子どもの「自然」に助力をする秘術にほかならないものであった。

ペスタロッチは、幼児期の教育の重要性を指摘して、『幼児教育の書簡』(1827年) という本を著している。教育において最も大切なものは、母親の愛に満ちた家庭生活を基盤とした教育であると述べている。

2　西欧における保育施設の誕生

オーエン

保育所の原点の一つは、工場経営者であり、また社会主義者でもあったイギリスのオーエン (Owen, R. 1771-1858) の教育思想に求めることができる。

オーエンは、1800年に紡績工場を買い取り、労働者の子どもの教育と生活改善の試みをはじめた。そこに生まれた「性格形成学院」が、保育所のはじまりと呼ばれている。

この「性格形成学院」は「幼児学校」「初級学校」「成人学校」の3つからなっていた。「幼児学校」では、1歳から6歳くらいの子どもを対象として、単に子どもを保護し預かるだけでなく、理想的な人格を形成することを目的とした教育が行われた。子どもを叩く、ののしる等の当時の教育を批判し、常に親切で優しく、愛情を持って子どもに接することを心がけていた。

オーエンの「幼児学校」はその後、イギリス全土に普及していき、19世紀後半には学校体系の一部となるまでに発達した。

フレーベル

ペスタロッチは、母性愛を唯一絶対的な教育力と考えたが、フレーベル (Fröbel, F. 1782-1852) は、母親が家庭で無意識に行っている教育を意識化させ、さらに理論化して、その教育的使命を果たさせる母親教育の必要性を強調し、その方法を会得させるための施設として、1839年、ドイツのブランケンブルクに、母親を含めた教育力のある指導者を養成するために「幼児教育指導者講習科」を設けた。さらに、村の6歳以下の子どもたちを集め「遊戯及び作業教育所」を付設した。翌1840年には「幼稚園 (kindergarten)」と命名し、世界で最初の「幼稚園」が誕生することとなった。

フレーベルは、子どもの自己活動は遊びのなかで最もよく実現されるとし、幼児期の遊びを重視した。この考えに基づき、「恩物 (Gabe)」と呼ばれる子どもの創造性を引き出すための教育的遊具も考案した。「恩物」は、6色からなる毛糸の球やさまざまな形をした木片など、20種類の系統的に考えられた教育遊具であった。

フレーベルの「幼稚園」は、宗教的な背景からプロイセン政府によって1851年「幼稚園禁止令」が公布され、ドイツにおいてはあまり普及しなかったが、フレーベルの思想はその後継者によって世界的に広がっていった。

(出典) ミッシェンハイム, P. 著、酒井玲子訳 (1982)『写真によるフレーベルの生涯と活動』玉川大学出版部。

モンテッソーリ

　1800 年代の後半になると、医学や心理学などの科学的な研究が行われるようになった。こうした科学的研究成果を、子どもの教育に生かそうと考えた人が、イタリアのモンテッソーリ（Montessori, M. 1870–1952）であった。モンテッソーリはイタリア初の女性医学博士、教育者、新教育運動の指導者であった。

　医学者であったモンテッソーリは、知的障害児の科学的研究および治療を行っていたが、その方法が一般の幼児にも適用できると考えた。モンテッソーリは、感覚器官を刺激することが子どもの知的、精神的発達を導くと考え、円柱さし、色板、触覚板、ピンクタワーなどの、感覚器官を錬磨する「モンテッソーリ教具」を考案した。さらに、子どもたちの興味の対象が次々と移り変わる点にも注目し、さまざまな能力の獲得にはそれぞれ最適な時期があると考え、それを「敏感期」と名づけた。

　モンテッソーリは、1907 年、ローマのスラム街に「子どもの家」という幼児の施設を開設した。「子どもの家」の生活用品はすべて子どもが使いやすいサイズに整えられ、子どもの生活を落ち着かせる工夫がなされた。

　「子どもの家」におけるモンテッソーリの保育は、その後、「モンテッソーリ・メソッド」として欧米に広まり、日本の多くの保育所・幼稚園にもこの方法が導入された。

シュタイナー

　第一次世界大戦の敗戦により、健全なドイツ社会に関するさまざまな疑問が芸術家、作家、社会思想家から湧き上がるなか、1919 年、オーストリアの哲学者、社会学者、教育者であったシュタイナー（Steiner, R. 1861–1925）によって、ドイツのシュットットガルトに最初のシュタイナー学校が設立された。シュタイナー学校は、彼の提唱した人智学（Anthroposophy）に基づく人間観による教育法を実践する学校である。人智学とは、超感覚の世界への学問、体の感覚を超えた世界への学問と定義されている（Lundborg 1991）。

　シュタイナーは、誕生から 21 歳までの間で 7 年周期説の発達段階を提唱し、誕生から 7 歳までの第一 7 年期では、子どもは周囲の大人から間接的、直接的な影響を全身で無意識のうちに吸収し、それを模倣する時期と捉えていた。また、この 7 年間を、子どもの肉体を一つの感覚器官として捉えており、周囲の大人の声のトーンや表情、音色、色彩、遊具などが、子どもにとって優しい環境構成にするよう留意している。パステルカラーのカーテン、自然素材である木の遊具や家具、テレビやパソコンが設置されていない等がその特徴である。

　8 歳から 14 歳までの第二 7 年期では、感情作用が活発化し、想像力が育つと同時に、権威あるものを求める時期と捉えていた。この 7 年間は、感情の育成が課題であり、芸術的な味わいを持たせつつ、いきいきとした感情を育み、世界は美しいと感じさせる教育内容となっている。

　シュタイナー学校は、ナチス政権時代にドイツ国内の私学の国家化が図られるなかで、全面的に解体されたが、第二次世界大戦後、特に 1970 年代以降その数を急速に増やしてきている。

　肉体の感覚器官が十分に発達する期間である第一 7 年期に美しく優しい周囲の環境を無意識に吸収していく日常の生活リズムを重視し、第二 7 年期で、いきいきとした感情を育みながら、世界を美しく感じさせる教育内容が、知識注入に走りがちな今日の教育への警鐘となり、今の時代、世界で注目されている理由の一つと考えられる。

レッジョ・エミリア・アプローチ

　1991 年、イタリアのレッジョ・エミリア幼児学校が、「世界で最も優れた学校」の一つとしてニューズウィーク誌に掲載され、また、「子どもの 100 の言葉」と題された子どもたちの作品展が、アメリカ、ヨーロッパをはじめ世界各地で催されるようになってから注目を浴びるようになった。レッジョ・エミリア（Reggio Emilia）とは、イタリア北部の人口 13 万人の都市の名称である。第二次世界大戦終戦直後、その郊外のヴィラ・チェラという村で、幼児教育に熱心な親たちが復興を目指し、自らの学校を設立することからはじまった。最初の幼児学校は、ドイツ軍に放置された戦車、トラック、馬を売ることによって得た資金をもとに建設がはじまり、市が運営する 20 の「幼児学校」（3 ～6 歳）と 13 の「乳児保育所」（0～2 歳）が開かれている（Edwards, et al 1993）。

　「幼児学校」設立時から、当時若い教育思想家・理論家であり実践者であったマラグッツィ（Malaguzzi, L. 1920—1994）によって築かれてきた、レッジョ・エミリア・アプローチの特徴には「子どものイメージ（Image of Children）」「小グループ（Small Group）」「プロジェクト・アプローチ（Project Approach）」「エマージェント・カリキュラム（Emergent Curriculum）」「ドキュメンテーション（Documentation）」「子どもの 100 の言葉（The hundred languages of children）」「アトリエスタ（芸術士）」が挙げられる。

　レッジョ・エミリア・アプローチでは、保育者は、子どもが可能性に溢れ、有能で、研究者であり、他者（子ども・大人）との関係性を自ら深めていける市民である、という「子どものイメージ」に基づいて保育を実践している。

　子どもは自ら環境に働きかけ、同じ興味・関心を持つ仲間と「小グループ」で探求しはじめ、その活動が「プロジェクト・アプローチ」として、保育者の働きかけとともに、クラス全体・学校全体、さらには、地域の住民も参画する活動へと展開していく可能性を秘めている。その活動では、あらかじめ定められたカリキュラムではなく、保育者は子どもの興味・関心や活動をよく観察し、保育者間でその観察結果を検討・解釈し、子どもたちの探求と学びに何を与え、どのようにサポートしていくかを探っていく「エマージェント・カリキュラム」が展開されていく。保育者は観察のなかで、子どもが発した言葉を書き留めた記録用紙、活動の様子や作品をデジタル機器で記録した静止画や動画、子どもの作品そのもの等を「記録文書」として保育者間で共有する。あるいは、それらの「ドキュメンテーション」を室内やホールに展示することによって、保護者への園での子どもの活動の様子を伝える手段として、さらに、子ども自身がその「ドキュメンテーション」を見ることによって、自らの活動を振り返り、次の活動へと展開していく原動力にもなり、子どもにとっての学びの物語にもなっていく。また、子どもが自ら環境に働きかけるなかで、感じ取ったこと、理解したこと、疑問に思ったことなどを表現する方法は一人ひとり違っている。話す、書く、歌う、楽器を奏でる、粘土や絵の具を使う、身体全体で表現する等、子どもは「子どもの 100 の言葉」を使っている。子どもが自由な発想で表現活動ができるように、環境に配慮がなされ、「アトリエ」にはさまざまな教材・素材が常に用意されている。常勤職員の「アトリエスタ」は、保育者に対して「ドキュメンテーション」のプロセスでの助言、子どもがさまざまな媒体を用いて自分の思いを表現するサポート、「アトリエ」の環境整備など多くの役割を担っている。

　「プロジェクト・アプローチ」等、子どもを中心として、地域の人々がかかわり、つながりを持ち、子どもとともに安全・安心な生活が過ごせる社会、持続可能な社会作りを展開してきたレッジョ・

エミリア・アプローチは、ときを経て、21世紀の現在も、世界各国で注目される保育・幼児教育となっている。

第2節　日本の保育のはじまりと変遷

1　近世における保育思想と保育施設構想

近世の保育思想

　日本では、江戸中期の1700年を過ぎる頃より多くの子育て書が出版されるようになった。これらの子育て書から日本における近世の保育思想を垣間見ることができる。

　漢方医であった香月牛山（1656-1740）は、『小児必用養育草』（1703年）のなかで、幼児期の子育ての重要性を示した。子どもをよく観察して、子どもの発達に応じて子育てをする必要性や子どもの遊びの重要性について具体的に説明している。貝原益軒（1630-1714）も、著書『和俗童子訓』（1710年）のなかで、幼児期における教育的な配慮がきわめて重要であるとし、その教育の内容によって子どもが良くも悪くも育つと述べた。

　また、永井堂亀友撰の『小児養育質気』には、京都の子ども好きな老人が、自宅と庭を開放し、近隣の幼児を集めて保育を行っていた様子が書かれている。その後、明治を迎えた日本は欧米における保育の影響を強く受けて発展していくことになり、江戸時代から日本で培われたこうした保育思想は一見忘れ去られてしまったようにも見えるが、日本人の心のなかに受け継がれつつ欧米の保育思想と融合していったのではないかと考えられる。

佐藤信淵による保育施設構想

　日本における集団保育施設は、海外からの幼児保育思想や施設の移入によってはじめられた。しかし、それ以前の日本に幼児を集団の施設で保育しようという考えも存在していた。江戸後期に活躍した農政学者の佐藤信淵は、その著書『垂統秘録』のなかで、「慈育館」と「遊児廠」という乳幼児のための保育施設を構想している。「慈育館」とは乳幼児を保育する今日の保育所のようなもので、「遊児廠」とは4歳から7歳の子どもを対象とし、遊びを行わせる場所で、今日の幼稚園の意味合いの強いものであった。しかしながら、こうした先覚的な保育思想の構想は実現することはなかった。

2　幼稚園の成立と発展

幼稚園の萌芽

　明治時代になると、日本においても近代的な教育制度が確立された。1872年に「学制」が公布され、そのなかには幼児期の教育機関としての規程が書かれていた。「男女ノ子弟六歳迄ノモノモ小学ニ入ル前ノ端緒ヲ数フルナリ」と規定されたが、具体化はされず構想だけにとどまった。

　しかしながら、1875年には、京都の龍正寺に「幼稚院」という保育施設が開設された。ここでは住職が教師となって幼児にイロハや単語図などが教えられた。また、同年、京都の柳池小学校には「幼穉遊嬉場」が開設された。幼穉遊嬉場概則によれば、女性教師が就学前の幼児に遊戯を通して教育していたことが記されている。恩物と思われる遊具を用いて幼児を保育していたりと、すでにフレーベルの幼稚園に関しての伝聞があったと思われる。

これらの保育施設は数年の間に廃止されてしまったが、幼稚園の萌芽としての保育施設と見るべきである。

幼稚園の誕生

日本の最初の幼稚園とされるのは、1876年に当時の文部省によって開設された「東京女子師範学校附属幼稚園」（現在のお茶の水女子大学付属幼稚園）である。満3歳以上の幼児を対象とし、保育料は1ヶ月25銭で、1日4時間の保育が行われていた。

フレーベルの学校で保育を直接学んだドイツ人松野クララ（1853-1841）が主席保姆として中心となり、保姆を豊田芙雄、近藤濱、ほか2人の助手で保育にあたった。保育の内容はフレーベルの恩物の操作が中心で、20〜30分ごとに時間割が決められていて鐘の合図で保育が行われていた。また、唱歌、遊嬉（戯）、説話などもあったが、すべて外国のものに頼り、漢文調に直訳されているものを保姆たちが幼児向けに改めて保育に取り入れていた。しかし、幼児向けに改めたといっても文語調のもので、幼児たちは難しい歌を歌ったり、難解な話を聞かされたりしていた。日本には古来のわらべうたのような遊戯や伝統的な昔話があったにもかかわらず、海外のものを直輸入したものが先進的な幼児教育であると当時は考えられていた。

このように日本の幼稚園は、海外の幼児保育の思想や施設をそのまま模倣するところからはじめられたため、庶民の生活からかけ離れていた。また、当時幼稚園に通っていたのは上流階級の家庭の子どもに限られていて、一般庶民の子どもには縁遠く、貴族的性格を持って日本の幼稚園は出発していった。

その後、この「東京女子師範学校附属幼稚園」が日本の幼稚園のモデルになって、恩物中心の保育を行う幼稚園が日本各地に設立されていった。

幼稚園の発展

「東京女子師範学校附属幼稚園」にはじまる日本の幼稚園は、私立幼稚園の設立によってさらに普及し発展していった、特にキリスト教主義による幼稚園の役割は大きかった。

1880年、東京で桜井女学校附属幼稚園が開設され、その後、金沢の英和幼稚園、神戸の頌栄幼稚園、山口の明星幼稚園など、キリスト教主義の幼稚園が全国各地に開設されていった。なかでも頌栄幼稚園の創設者である宣教師のハウ（1852-1943）は、日本の幼稚園の発展に大きく貢献した人物である。ハウは、幼稚園に先立って頌栄保姆伝習所を開設して保育者養成に取り組んだ。また、東京女子師範学校に招かれて保育学の講義を行ったり、当時の幼児教育界では恩物の操作を形式的に教えることが一般的であったなか、子どもの自己活動としての遊びを大切にしていたフレーベルの精神に還る必要性を強調していった。

また、東基吉、和田実、土川五郎ら日本人によって、恩物中心の保育が批判されるようになった。東基吉は、1904年に『幼稚園保育法』を著し、フレーベルの恩物を批判し、幼児の自発的な活動である遊びの重要性を主張した。また、保育内容を大人中心のものから子ども中心のものへと変革し、子どもの生活に即した、子どもにとって楽しい唱歌やお話しを実践することの必要性を主張した。また、和田実は中村五六との共著『幼児教育法』（1908年）において、従来の恩物中心の保育法や、形骸化したフレーベル主義の保育を否定し、遊戯中心の保育論を展開していった。

このように、先駆者によって型にはめ込む保育が批判され、幼児に即した保育の実践の必要性が提唱されたが、当時としてはあまりにも進歩的であったために保母たちには受け入れられず、実際

の保育の変革までには至らなかった。

一方、幼稚園の数は1897年には200園を超え、園児数も2万に達するまでになった。1899年には、文部省により幼稚園保育及設備規程が制定され、これが、日本における幼稚園に関する最初の単独法令となり、幼稚園における保育が国で整備されるようになった。

倉橋惣三の保育論

日本の幼稚園は海外の模倣からはじまったが、明治期の保育は本来のフレーベルの教育原理を理解せず恩物を用いるという形式のみが重視されていた。明治30年代になると、そうした保育に対して疑問の声が挙がるようになってきた。そのなかでも1917年、東京女子高等師範学校附属幼稚園の主事となった倉橋惣三（1882-1955）は恩物中心の保育を批判し、さらに新しい保育の理論と実践に取り組んで日本の保育に大きな影響を与えた人物である。

倉橋は、東京帝国大学で心理学を、大学院では特に児童心理学を学んだ。そのなかで、子どもと直に触れ合う経験のなかから子ども自身の持っている力を実感し、独自の子ども観、保育観を形成し、それに立脚した幼児中心主義の保育理論を展開していった。彼は附属幼稚園主事になってから、長い年月をかけて理論を煮詰め、実践のなかで確認しながら、1934年には日本の保育の原点となる『幼稚園保育法真諦』を著し、その保育論を完成させた。

彼の保育論は一般に「誘導保育論」と呼ばれており、子どもが自発的な生活のなかで経験を通して学ぶことを重視した。そのためには、時間割によって動かされ、恩物を保育者の指示によって操作する保育は不十分で、子どもの興味に基づいて保育の内容を考える必要があることを強調した。保育者は子どもの興味、欲求を捉え、それが実現できる環境を用意して、そのなかで子どもが能動的に自由に遊べるように導くことが大事とした。彼は「生活を、生活で、生活へ」という呪文のような言葉で、幼児の自然な生活形態が保育では最も大切であることを強調した。

3　保育所の成立と発展

子守学校の成立

明治時代になると、政府は学校教育制度を確立するため、全国に小学校を設立するよう働きかけたが、就学率はなかなか上がらなかった。子どもが小さな弟や妹の面倒を見る子守りのために学校に来ることができないといった事情があった。また一方で、子守りをする子どもが小さな乳幼児を背負って学校に来るといった問題もあった。

その問題を解決するために、学校に連れてきた乳幼児を預かる部屋を設けたり、子守りをしている子どもとそうでない子どもとが分かれて勉強できるようにするという方法がとられるようになった。これを子守学校や子守学級と称した。

茨城県猿島郡小山村の渡辺嘉重は、子守りのために学校に通えない子どもや、学校に来ても授業を受けられない子どもの様子に心を痛めて、1883年、小学校の教室の隣に、子守りをする生徒が連れてきた乳幼児を保育する部屋を設けた。2歳未満の子どもを「鎮静室」に、2歳以上の子どもを「遊戯室」に預かり、生徒が授業を受けることができるようにした。乳幼児の保育には、子守りをする生徒のなかから12歳から15歳程度の慣れた生徒が交替であたった。

このような子守学校や子守学級が明治20年過ぎには東北や関東にかけて多くの地域で設立されるようになった。子守学校は日本における託児施設の先駆けといってもよい。

託児施設の誕生

明治 20 年代に日本の経済状況は悪化し、都市にも農村にも多くの貧困層が生じるようになった。1890 年、新潟県では赤沢鐘美（1867-1937）が貧しくて中学校に入学できない子どもたちのために自宅を開放して「新潟静修学校」を開設した。しかしながら、学校にとっては弟妹を背負って通ってくる生徒が授業の妨げになっていた。そこで、赤沢は連れて来られた乳幼児を別室に入れ、玩具や昼食を与えて保育を行うようになった。さらに、地域の就労婦人の幼児も預かるようになり、託児所としての形が整っていった。

これは、後に「守孤扶独幼稚児保護会」に改称され、後の保育事業の足がかりとなった。これと同時期に、鳥取県では筧雄平が農繁期に子どもを預かって保育を行う農繁期託児所を開設した。

明治後期になっていくと、資本主義の発展によりますます貧富の差が広がっていき、都市部ではスラム化する地域が増え社会問題となっていった。このような状況のなか、1899 年、「二葉幼稚園」（後に二葉保育所に改称）が東京に開設された。華族女学校附属幼稚園に勤務していた野口幽香、森島峰の 2 人がスラム街で過ごす貧しい子どもたちの様子を見て、この子どもたちにこそ幼稚園が必要であると考えたのであった。貧しい子どもたちを保護し、母親が働いている間子どもたちを預かり、保育を行った。保育の内容は、恩物主義を廃して、子どもの遊びと生活に重点を置いたものであった。

明治期の託児施設は、慈善事業の一環として、一部の志ある者によって設立、運営されていた。

公立託児所の成立

大正時代になると、重工業が盛んとなり工場労働者が増大していった。さらに、貧困問題も深刻になっていった。乳幼児を抱えながら両親とも働かなくてはならない家庭が増えていき、公的な社会事業として託児所を設置することが求められるようになっていった。

1919 年、大阪で初めて公立の託児所が設置され、その後、京都、東京、神戸にも相次いで設置されるようになった。これらの託児所の第一目的は親の就労を助けることであった。1921 年に制定された東京市の託児保育規程によると、保育の内容はその当時の幼稚園における「遊戯、唱歌、談話、手技」を取り入れていたが、さらに、家庭に代わって食事や衛生など生活の養護的な役割を果たしていたことがうかがわれる。

託児所はその後も次々と設置され、明治末には 15 園しかなかったが、大正末には 250 園を超えるまでになった。昭和の時代になり、日中戦争、太平洋戦争へと戦時色が強まると、婦人の労働力が大量に必要となり、託児所はさらに増え続けた。1944 年には 2000 園を超えるまでになっていった。

4 幼稚園と保育所の普及と発展

現在、日本の保育施設には、幼稚園、保育所、そして認定こども園の 3 つが挙げられる。同じ幼児を保育する施設ではあるが、幼稚園は文部科学省、保育所は厚生労働省、そして認定こども園は内閣府、文部科学省、厚生労働省の所轄となっている。

2006 年に認定こども園が発足するまでは、幼稚園は学校教育法に、保育所は児童福祉法に基づくという保育の二元制度が戦前から続いてきた。しかしながら、戦前から幼稚園と保育所を一元的に考えていこうとする試みが何度も繰り返されてきた。1926 年に幼稚園令が制定された際には、幼稚園と託児所を一体化する構想が持ち上がってきたが実現するまでには至らなかった。また、戦後す

ぐ、1946 年に倉橋惣三が中心となって、1 歳から 3 歳までを保育所、4 歳から 5 歳までを幼稚園、5 歳から 6 歳までを義務制にしようという案が提出されたがこれも実現されなかった。

　第二次世界大戦後、1947 年、教育基本法が公布され、これに基づき、学校教育法が制定された。幼稚園はそのなかで学校教育体系に属する教育機関として位置づけられてきた。一方、託児所として発展してきた保育施設は保育所という名称に統一され、同年に制定された児童福祉法によって児童福祉施設として位置づけられた。

　その後、幼稚園には幼稚園教育要領、保育所には保育所保育指針という基準も示された。保育所の 3 歳以上の幼児に関しては幼稚園教育要領に準じて保育するのが望ましいとされ、保育内容の統一は図られながらも、それぞれの形で 2 つの保育施設が歩んでいくこととなった。

　こうして、日本における保育施設は、戦後から認定こども園法が制定される 2006 年まで、制度上では幼稚園と保育所という 2 つの異なる施設が併存して発展してきた。戦後の日本経済の成長と変化、保護者の就労形態の変化、子どもの生活環境の変化、保護者の子育て環境の変化などにより、現在では保育施設には、幼稚園、保育所、そして認定こども園の 3 つが設けられ、それぞれの保育施設が現代社会の課題に対応すべく保育に取り組んでいる。

引用・参考文献

日名子太郎（1990）『保育学』玉川大学、p. 13

ペスタロッチー, J. H. 著、長田新訳（1993）『隠者の夕暮・シュタッツだより』岩波文庫

森昭（1977）『森昭著作集 6　人間形成原論』黎明書房、p. 36

ロック, J. 著、服部知文訳（1967）『教育に関する考察』岩波文庫

Edwards, C. P., Gandini, L., Forman, G.（1993）Introduction. In Edwards, C., Gandini, L., Forman, G. （Eds.）*The hundred Languages of Children : The Reggio Emilia Approach to Early Childhood Education.* Norwood, NJ : Ablex, pp. 3–18

Lundborg, O. F.（1991）*What is Anthroposophy?*（J. Wetzl, Trans.）Fair Oaks : CA.（Original publication date not available）

第 6 章
保育・幼児教育の特質
―子どもの育ちと学びを支える関係性―

　子どもの権利に関する条約（子どもの権利条約）（1989年、国際連合総会）には、「生きる権利」「育つ権利」「守られる権利」「参加する権利」という4つの子どもの権利が挙げられている。児童福祉法には、子どもの権利に関する条約の精神に則り、すべての児童が適切に養育され、生活が保障される権利があること、またすべての国民は児童の最善の利益が優先されるよう努めなければならないことが明言されている。子どもはそれぞれの発達段階にふさわしい生活環境のなかで、心身ともに健やかに成長するための権利を有しており、それを保障することは子どもを取り巻くすべての大人の責任なのである。

　子どもが育つ場は、家庭、保育所・幼稚園・認定こども園等の保育・幼児教育施設、またそれらを取り巻く地域社会が挙げられる。児童福祉法に、児童を育成することについて第一義的責任を負うのはその保護者であると明示されている。しかし昨今、貧困や虐待等の理由で、適切な養育が困難な家庭もあり、子どもの最善の利益が脅かされる状況が増加している。また、社会において、子育て家庭や子どもへの無関心、無理解から生じる問題も見受けられる。児童福祉法でもすべての国民は子どもが健全に育成されるよう努めなければならないと明示されているように、子どもの育成は家庭だけで対応できるものではない。日々子どもが子どもらしい生活を営み、そして将来、社会の一員として他者とともによりよい社会を創っていくことができる素地を培うことができるよう、すべての人々が子どもの育ちに関心を持ち、かかわることが求められる。

　保育実践を行う保育者は、乳幼児の育ちにおける専門性を有する者として、子どもの育ちを保障するだけでなく、保護者の子育てを支援することや、子ども・保護者と地域社会をつなぐ役割も担っている。この章では、保育の特質を中心にすえ、子どもの育ちを支える関係性について考えていく。

第1節　養護と教育の一体性

　保育とは乳幼児を保護し、教育するという意味が含まれた言葉である。子どもは自ら育つ力を持っており、大人はその子どもの力を信じ、見守り、適切なかかわりをすることが求められる。子どもの発達段階や年齢に応じて援助や配慮は変わってくるが、そのかかわりの根本にあるものは、子どもが子どもらしく生きることを保障するということである。「子どもが子どもらしく生きる」とは、それぞれの発達段階に応じた安心・安全な環境において（養護的な環境）、大人からその生命を守られ、受動的で応答的なかかわりを受けながら（養護的なかかわり）、自分の興味関心に基づいて身近な環境にかかわり生活経験を積んでいくことである（教育）。この生活の営みが保育の根幹ともいえる「養護と教育の一体性」である。

1　保育における養護

　乳幼児は大人の養育なしには、その生活と育ちが保障されない。低年齢の子どもであるほど、養護的かかわりは大きなものとなる。

　保育所保育における養護には「生命の保持」と「情緒の安定」の2つの要素が含まれている。「生命の保持」とは、子どもの生理的欲求を十分に満たしながら、快適に、なおかつ健康で安全に過ごせるように一人ひとりに応じたかかわりをすることである。「情緒の安定」は、子ども一人ひとりが安定感を持って過ごすなかで、自分の気持ちを安心して表現することができるように、また、ありのままの自分を受け止められることで、自分を肯定する気持ちが育まれるようにかかわることである。

　安心・安全でくつろいだ雰囲気のなかで、自分が自分でいられるという安心感があって初めて、子どもは周囲の環境に興味を持ち、主体的にかかわることができるのである。保育者がいくら魅力的な環境を準備しても、子どもの心と体の準備が整っていなければ、その環境に興味を持って自らかかわり、充実した遊びを展開していくことは難しいだろう。保育所保育指針には、養護とは「子どもの生命の保持及び情緒の安定を図るために保育士等が行う援助や関わり」（下線部筆者）と示されているように、保育者が子どもの命を守り、安心して自己発揮できるように努めなければならないのである。

2　保育における教育

　保育実践における教育とは、子どもがその発達段階に応じてふさわしい経験を積み重ねていくことである。その経験を積み重ねた子どもの姿から、育ちの方向性を見る視点が幼児教育における領域である。幼児教育における領域は、健康・人間関係・環境・言葉・表現の5つに分類されるが、これらは個別に分けられるものではない。5領域にはそれぞれねらいと内容が示されているが、それぞれの領域に明確な境目はなく、複雑に重なり合っている。それぞれの活動の持つ特性により、一つの領域が色濃く出ることもあるだろう。

　例えば、鬼ごっこは、身体を使った遊びであり、走る（逃げる・追いかける）・障害物をよける・高いところに登るなど身体機能の諸感覚を働かせる【健康】の領域が中心となる。そして、鬼ごっこは複数人で遊ぶもので、鬼役と逃げる役という役割もあり、またときには役割をめぐってぶつかり合いが生じることもある。人とかかわることが【人間関係】の領域にも深く関係している。また、走ったときにほほにあたる風を感じたり、ルールを考えたりする【環境】の領域にもかかわってくる。さらに、遊びのなかで「あっちに○○ちゃんがいる」「見つけた」など【言葉】のやりとりをしたり、遊びの種類によっては色を探したり、歌を歌ったり、動物になったりと【表現】の領域も関係してくるだろう。

　このように、一つの遊びのなかにさまざまな要素が含まれており、それが絡み合ったり重なり合ったりしているのが、保育における教育であり、小学校以上の教科とは大きく異なる点である。

　保育は、子どもを理解することからはじまる。子ども理解とは子どもの興味や関心、子どものなかに今育とうとしていることを読み取ることである。保育も教育的な営みであるので、そこにはねらいが存在する。しかし、そのねらいは小学校以上の教育のように、あらかじめ決められた知識や

技能を習得するために定められるものではない。保育者は、子ども理解に基づきねらいを立てるが、その際、今子どもに育とうとしていること、育てなければならないことを見極め、保育者の願いとして組み込んでいく。教科書のない保育において、子どもを理解するという保育者の専門性が子どもの育ちを支えているのである。

3　養護と教育が一体となり展開される保育とは

　年齢によって、あるいは子どものそのときどきの状態により、養護と教育の比重は異なってくる。人間は大人の養育なしには生きていくことが困難な状況で生まれてくるため、特に乳児や1、2歳児においては、養護的なかかわりが大きくなる。食事や睡眠、衣服の着脱や衛生など生命にかかわる生活習慣を大人の養育に委ねる低年齢児の保育は、養護的なかかわりしかないように見えるかもしれない。しかし、そのかかわりにも教育は存在する。乳児の食後、手や顔を拭いたり、汚れたエプロンを外したりする際、保育者は子どもに「ご飯おいしかったね」「綺麗にしてからお昼寝しようね」などと話しかける。食後には、清潔な状態にして、心地よさを味わえるようにする養護的なかかわりと、食事という行為を振り返ったり清潔の心地よさを感じたりできるよう言葉で伝える教育的なかかわりがある。日々の生活のなかで、言葉で伝えられるという教育的かかわりを繰り返し受けることで、乳児は言葉の獲得だけでなく、行為や活動の意味を理解したり先の見通しを持ったりするようになる。

　また3歳以上児にも、養護と教育が一体性を持った保育が行われる。例えば避難訓練において、「命を守る」ために行うという意味や、どのように身を守ればよいかという手順などを子どもたちに伝えるが、そのときにも養護的なかかわりが重要となる。命にかかわることであるからふざけることは好ましくない。そのため保育者も真剣に子どもたちに伝えるが、その際、子どもが不安感を持たないようなかかわりが求められる。「命を守るための大切な練習（【教育】）、でもここは安全な場所であり（【生命の保持】）、先生のそばにいれば大丈夫（【情緒の安定】）」ということを、活動を通して子どもが実感できることが重要である。安心できる場で保育者に見守られながら、そのような体験を積み重ねることが、その後自分自身の健康と安全を守るための意識の素地となるのであろう。

　このように、保育実践では養護と教育は切り離されるものではなく、養護的な保育内容のなかに教育的側面があり、教育的な保育内容のなかに養護的側面が存在するのである。養護と教育を一体的に行う保育とは、一人ひとりの子どもをかけがえのない大切な存在として受け止め、養護的なかかわりをするなかで、乳幼児期にふさわしい経験を積んでいくことができるような援助を行う保育者の専門性に支えられた営みなのである。

4　乳幼児期にふさわしい生活とは―遊びと生活習慣・生活の連続性―

　倉橋惣三（2008）は「生活を、生活で、生活へ」という言葉から、子どものありのままの生活を重視する、またその生活を充実させることが大切であると説いている。

　保育実践の場において、子どもの生活の中心は遊びである。子どもは知的好奇心に満ち溢れた存在であり、自身の興味や関心に基づいて、身近な環境に主体的にかかわろうとする。そこで不思議なこと、おもしろいことなど、心が揺さぶられる環境に出会うことで、その環境をもっとよく知ろうと試行錯誤しながらかかわり、遊びに没頭した結果、対象について理解を深めていく。保育実践

において、「遊びは学びである」という言葉を耳にするが、子どもは「学ぼう」として遊んでいるわけではない。興味や関心に基づき夢中になってその遊びにかかわった結果として、学びが生まれるのである。

　子どもにとって生活の中心は遊びであるが、食事や睡眠、衣服の着脱、排泄や手洗い・うがいなどの衛生、持ち物の整理など、基本的な生活習慣もまた子どもにとって重要な意味を持つ。基本的生活習慣は、子どもの身体面の健康や発達はもちろんのこと、心の育ちや自立にも深く影響している。

　養護と教育が一体的に行われる保育実践において、養護と教育が切り離されたものでないことと同様に、基本的生活習慣と遊びもまた、個々に切り離されたものではなく、一日の生活のなかで自然な形で流れていく。保育所には、子どもが健康で安定した生活が送れるように、一日の流れが時間軸で示されたデイリープログラムがある。0歳児、1〜2歳児、3歳以上児とおおよその年齢の発達段階に応じた生活の流れが計画されているが、年齢あるいは月齢が低くなるにつれ、一人ひとりに対応したものになってくる。0歳児であれば、個人の生活リズムがより重視され、個別のかかわりが行われる。前夜眠りが浅く機嫌が悪い状態で登園した子どもは、同月齢の子どもが遊んでいる時間に午前寝をすることもある。

　また、デイリープログラムはおおよその流れ、目安であるので、活動と活動の境目は明確に区切られたものではない。例えば、3歳以上児のクラスで、その日の遊びが大変盛り上がり、いつもより給食の時間が遅くなることもあるだろう。もちろん大幅に遅れることがあっては子どもの健康を害することもあるため、ときには保育者による誘導は必要である。しかし、子どもの自然な生活の流れに柔軟に対応できるよう、小学校以上の教育のように活動の区切りが明確ではなく、その境目は緩やかなものであることが求められる。多くの保育・幼児教育施設では、小学校のようなチャイムは鳴らない。それは子どもの生活が自然な流れで緩やかにつながっていく「生活の連続性」を保障するものである。「生活の連続性」もまた保育の特性であり、その特性により乳幼児期にふさわしい生活が展開され、充実した遊びを含めた適切な生活リズムが形成されていくのである。さらに、「生活の連続性」は、園生活のなかだけで営まれるものではない。子どもの生活は24時間365日連続している。家庭や保育・幼児教育施設等、子どものいる場所が変わるというだけで、その生活は場所ごとに区切られるものではなく、自然な流れで継続していく「生活の連続性」が求められる。そのため、家庭と保育施設が密に連絡を取り合い、それぞれの場所での子どもの姿を共通に理解することが、子どもの生活を支えるのである。

5　家庭との連携と子育て支援

　近年、保育施設において、3歳未満児の入所率が高まっており、また幼稚園においても教育課程にかかわる時間以外の教育時間、いわゆる預かり保育の需要も拡大している。乳幼児期の子どもたちは、その年齢や発達に応じてその度合いは異なるものの、大人からの養育が必要不可欠である。保育・幼児教育施設に通う子どもたちは、日々家庭と施設の2つの場所を行ったり来たりしながら生活しており、そこには保護者と保育者、それぞれ立場の異なる大人から養育を受ける。幼稚園教育要領・保育所保育指針には、家庭との連携を十分に図り、子どもの生活に連続性を保ちながら保育を展開するようにと述べられている。「家庭との連携」とは、保育者と保護者が「子どもの健やか

な成長を願う」という共通の目的を持って、互いに連絡を密に取り合い、協力し合いながら子どもを育てていくことである。

　子どもの生活の基盤は家庭にあり、その養育の第一義的責任は保護者が負うものであるが、近年、児童虐待や貧困等の問題を抱え、養育困難な家庭も少なくはない。厚生労働省の発表によると、2016年度に全国の児童相談所が対応した虐待件数（速報値）は、前年度から19％増の12万2578件であり、1990年度から統計を取りはじめて以来26年連続で増加している。

　虐待にも身体的・性的・精神的虐待、適切な養育を行わないネグレクトなど、さまざまなケースが見られる。これらは目に見える虐待として、子どもの心身の正常な発達を妨げるだけでなく、その後の人生にも大きく影響を与えるものである。虐待が疑われる際は、保育・幼児教育施設だけで対応するのではなく、児童相談所や市町村の関係機関等に報告や相談をすることも必要である。

　また、十分な衣食住が与えられており、一見何も問題がないように見える家庭にも、子どもの育ちにふさわしくない養育態度が見られることがある。これらは見えない虐待ともいえるであろう。例えば授乳の際、子どもの方を見ずにずっとスマホを操作するなど、スマホ育児が問題になっているが、授乳はただ空腹を満たすためだけのものではない。そこには養育者との愛着関係を形成する重要な意味があり、物理的な栄養素だけでは子どもの心は育まれないのである。

　また、子どもの意思に反して、たくさん習いごとをさせたり、家庭から出さず勉強をさせたりする家庭も注意が必要である。一見、子どものために熱心な保護者であると見受けられるが、そこには自分の見栄であったり、子どもを自分の意のままに動かしたいと思っていたりするケースもある。このようなケースでは、保護者に自身が行っている養育が、子どもの発達にどのような影響を及ぼすのか、具体的に、かつ分かりやすく根気強く伝えていくことが必要である。

　このように保護者の不適切な養育が見られることもあるが、子どもの育ちにふさわしくないと保育者が判断できるのは、子どもの発達やその発達を支えるかかわりや環境について学んでいる専門家であるからだろう。保護者は子どもの養育をする義務がある親ではあるが、子どもの育ちの知識は持ち合わせていない場合が多い。保護者の子育てを支援するためには、まずはそのことを保育者が認識しなければならない。保育者は日々、保育の営みのなかで、一人ひとりの子どもの置かれた状況や内面を理解しかかわっているが、それは子どもだけではなく保護者に対しても必要なかかわりである。保護者自身の状況が子どもの養育に影響する可能性があることも考慮し、一人ひとりの保護者の状況を理解しかかわっていくことが、子どもの育ちを保障することにもつながるのである。

　子育て支援を行うことは、幼保連携型認定こども園は義務、幼稚園・保育所は努力義務となっているが、いずれの施設においても、子育て支援は子どもの健やかな成長を保障するための重要な課題である。保育の専門家として、子どもの発達に資する養育方法を伝えていくことが求められるが、決して「教える側」ではない。保護者と保育者はともに子どもを育てていくパートナーである。保護者が子どもの成長に喜びを感じられるように、また子どもをどのように養育していけばよいのか自己決定できるように、保育者がさまざまな方法で連携をとりながらかかわっていくことが求められる。保護者との連携とは、保育者と保護者が密に連絡を取り合い、互いに協力しながら、ともに子どもを育てていくことである。登降園時に直接保護者と会話をする、保護者会や保育参観で子どもの様子を伝える・育児の悩みを共有する場を作る、連絡帳で子どもの様子を伝え合うなど、保護者との連携を図るための方法はさまざまである。そのときどきの状況によって、それらの方法は選

択されるであろう。それぞれの方法の特性を理解し、効果的な伝え方を園内で検討していきたい。

6　幼稚園教育と養護の視点

　3歳以上の子どもたちに対しても養護は存在すると前述したが、幼稚園教育要領（2017）には、「養護」の記載はない。では、養護の視点は幼稚園という教育の場には必要がないのだろうか。

　幼稚園教育要領の第1章「総則」には、「教師は、幼児との信頼関係を十分に築き」「幼児は安定した情緒の下で自己を十分に発揮することにより発達に必要な体験を得ていくものであることを考慮」すると明記されている。信頼関係は、子どもにとって不安な環境のもとでは形成されない。「ここは安心できる場所」「この人（教師）は、自分を受け止めてくれる人」という安心感が得られて初めて、場や人を信頼することができる。幼稚園教育要領における信頼関係の形成や安定した情緒という記載は、幼稚園での教育においても、保育所保育でいうところの、情緒の安定と生命の保持という養護の視点が組み込まれていることを理解する必要がある。

事例：瞼の裏の先生

　筆者がある幼稚園を訪れた際に観察したエピソードである。入園式の翌日、年少クラスのA君は教室の入り口に立ち、室内を見つめている。視線の先には担任保育者がいる。担任保育者は登園してきた子どもの朝の用意の援助をしている。まだ幼稚園に慣れていない子どもたちばかりの年少クラスの担任は、入園式から1週間ほど、登園のバスには乗車しない。クラスの子ども全員を担任保育者が受け入れることで、一日でも早く信頼関係を築き、子どもたちが園に慣れるようにという、園の配慮である。

　担任保育者を見つけ、土足で教室に入り自分から保育者に話しかける子どももいるなか、A君は帽子のゴム紐を引っ張りながら保育者をずっと目で追っている。筆者はA君に近づき「○○組さん？」と尋ねる。A君はしばらく間をおいて「……違う」と答える。彼が○○組（年少児）と分かっていたが、さらに「△△組（年中児）さん？」と尋ねてみた。A君はまたしばらく間を置いてから「……違う」と答える。「じゃあ□□組（年長児）さん？」と尋ねると、今度は間髪を入れず、また語気を強め「違う！　AはAっていうだけ！」という答えが返ってきた。その後もA君は、担任保育者の後をついてまわり、その日の保育は終了した。

　それから2週間後に再び園に訪問した際、前回と同じ年少児の教室入り口でA君と再会した。この日は、担任保育者はバスに乗っていて不在であった。筆者のことを覚えていたのか、目が合うとA君は笑顔になり、「おいで」と筆者の手を引いて歩き出した。A君が連れて行ってくれたところはアスレチックの縄梯子。A君は「見とって」というと手を離し、アスレチックを登りはじめた。上まで登り切

り、誇らしげな表情を見せる。しばらく一緒に遊んでから筆者が「A君は何組さん？」と尋ねると、「うーん」と少し困ったような表情を浮かべながら、でも笑顔で「分からん」と答えた。その後、バスが到着して年少クラスの担任保育者が帰ってきて「○○組さん、お部屋に帰ろう」と子どもたちに呼びかけると、A君をはじめ年少クラスの子どもたちは担任教師のところに駆け出していった。

　このエピソードからは、幼稚園等の施設が子どもにとって初めての社会であることが読み取れる。それまでの生活のなかで所属意識を持つ必要がなく、A君はA君であり、どこかに所属するA君である必要はなかったのである。だからこそ筆者から「○○組さん？」と尋ねられても、「違う」「AはAである」と答えたのだろう。初めて集団に入ってくる子どもが、集団のなかの一員であるという所属意識を持つには、安心してその場にいられること、そして自分が受け入れられているという実感が必要である。そのためにまずは保育者が一人ひとりの子どもを尊重し、受容的態度でかかわりながら信頼関係を形成していくことが重要なのである。A君は初めての集団生活のなかで、大きな不安を抱えながらも誰を頼ればよいのかを理解しており、ずっと担任保育者の後をついて回っていた。担任保育者はそのようなA君の思いを受け止め、スキンシップをとったり、言葉をかけたりするなど受容的態度で接することで「ここはあなたの居場所である」ということを伝えていったのである。また一緒に遊ぶなかで「幼稚園は楽しいところなんだ」ということをA君が実感できるように心がけた。A君はそのようなかかわりを受けるなかで、担任保育者との間に信頼関係を芽生えさせ、それを心の拠りどころにしながら園内で世界を少しずつ広げ、幼稚園は自分の居場所であることを実感していったのであろう。

　子どもは身近な養育者との間に愛着（アタッチメント）を形成し、それを基盤としながら、他者との関係性を形成していく。A君も家庭での養育を受けるなかで、愛着を形成していたからこそ、その愛着を心の拠りどころとしながら幼稚園という新たな社会のなかで、担任保育者との間に信頼関係を形成し、園生活に徐々に慣れ、そこから世界を広げていったのである。愛着が形成されるということは、目の前にその人がいなくても安心して過ごすことができること、「瞼の裏にその人がいる」状態ともいえるであろう。

　入園してから2週間後、A君は再び訪れた筆者の手を引いて自分が好きな遊具に連れて行ってくれた。担任の先生が目の前にいなくても、後から自分たちのところに来ること、そして幼稚園は安心できる楽しい場であることを理解しているからこそ、このような姿を見せたのであろう。観察者から「何組さん？」と尋ねられたとき、A君は、はにかみながら「分からない」と答えたが、バス送迎から戻ってきた担任保育者から「○○組さん、お部屋に帰ろう」と言葉をかけられると、クラスの友だちとともに教室に帰っていった。「何組さんなのか」という問いにはとっさに答えることはできなかったが、自分が○○組だということを認識しているからこそ、担任保育者から自分の名前でなくクラス名をいわれたときに、「自分のこと」として捉えられたのだ。A君に「自分は○○組」という所属意識が芽生えはじめていることの表れである。人は社会のなかでさまざまな集団に属し、その一員として生活を営む。その基盤となるのは子どもにとって初めての社会である、保育所・幼稚園・認定こども園といった乳幼児教育施設での生活である。そして集団のなかの一員という意識を育むのは、一人ひとりの子どものありのままの姿を受け止める保育者の受容的態度にほかならない。

　A君は2週間という期間のなかで園生活に安心感を持ち生活するようになったが、この期間は早い遅いで判断できるものではない。一人ひとりのそれまでの成育歴や生まれ持った性格などにより、慣れるまでの時間や必要なかかわりは異なる。慣れることは教えられてできるようになることではなく、情緒的なかかわりが必要なのである。A君が安心して園で過ごすことができるように養護的な援助をした結果が、幼稚園に慣れることにつながったのである。このことから、幼稚園においても教育だけではなく、保育所保育でいうところの「養護」が存在することが読み取れるであろう。保育所の子どもたちや認定こども園の2・3号認定の子どもたちは、長時間施設で生活するために養護的かかわりの比重が大きくなる。子どもが生活する場において、その度合いはそのときどきで異なるが、乳幼児期の子どもの生活には養護的かかわりが必要不可欠である。学校と児童福祉施設という施設の種別により、そこで使われる言葉に違いがあるが、乳幼児期の子どもを育む場において、大切にしなければならないことは共通して存在することを認識する必要がある。

第2節　環境を通して行う

　幼稚園教育要領、幼保連携型認定こども園教育・保育要領 (2017) には、幼児期 (乳幼児期) の教育 (および保育) は、幼児期 (乳幼児期) の特性を踏まえ、環境を通して行うことを基本とすることが明示してある。保育所保育指針においても、専門性を持つ職員が家庭との緊密な連携のもとに、子どもの状況や発達を踏まえ、保育所における環境を通して養護と教育を一体的に行うことが特性であると示されており、3つの法令のいずれも、「環境を通して行う」ことを基本としている。倉橋 (2008) は幼稚園とは「先生が自身直接に接する前に、設備によって保育するところ」(p. 32) であると述べているが、倉橋のいう「設備」は現代の「環境」を意味する。日本の保育・幼児教育で大切にされてきた「環境を通して行う」ことは、教科書がある小学校以上の教育とは大きく異なる。

1　子どもと園内環境

　子どもにとっての環境とは、子どもを取り巻くすべてのヒト・モノ・コトである。具体的には友だち (同年齢・異年齢)、保育者、保護者、近所の大人等の人的環境、園舎・保育室や園庭、そこに置かれた遊具や玩具、生活にかかわる道具、草花や小動物、雨・風・光などの自然現象、文字や数、記号などがある。また目には見えない音や時間、その場の雰囲気や風土もまた、子どもを取り巻く環境である。

　子どもは自分の周囲にある身近な環境に興味や関心を持ち、主体的・能動的にかかわるなかで、そのおもしろさ不思議さに心を揺さぶられる。そこから知的好奇心が刺激され、試行錯誤したり、考え工夫したりしながら、その環境の特性や意味を理解し自分のなかに取り込んでいく。文字を中心とした教材を使った教育とは異なる。

　教科のように単元のない保育実践においては、子どもを理解することから環境の構成がはじまる。子どもが今何に興味を持っているのか、子ども自身が示す興味を読み取り、今経験してほしいことという保育者の願いを込め、それを環境に託すのである。保育者の子ども理解に基づき構成した環境に子どもは自ら興味を持ち、かかわっていく。保育者が用意した環境であっても、子どもが「自分が興味を持った」と実感できる環境を構成することが大切である。また、環境にかかわるなかで、

子どもは諸感覚を働かせながら考えたり、試したり、工夫したりする。その際、子どもの願いに応えられるように、再構成が可能な柔軟で応答的な環境を構成していくことが求められる。

遊びの環境

　子どもの生活の大半は遊びであり、その遊びを支えるのが子どもを取り巻く環境である。子どもが自らかかわりたいという魅力のある環境を構成するためには、子ども理解と環境の理解が必要となる。まずは今、子どもが何に興味を持っているのか、何が育とうとしているのか、何を育てなければならないのかという、今とその先の子どもの育ちを見通し、そのために必要な環境を準備するのである。その環境は園内の園舎や園庭等が中心にはなるが、園外の自然や施設等もまた重要な環境となる。それぞれの環境にどのような特性があり、どのように生かすことができるのか、環境に対する理解を深めるための研究が、子どもにとって魅力的な環境を構成することにつながるのである。

| 事例：生活を再現する遊び環境（ままごとコーナー） |

　子どもにとって、大好きな大人や憧れの対象がしていることや自分の経験を再現できることは大きな喜びである。その遊びが生活場面でも生かされる。生活と遊びの往還を繰り返すことで、子どもの生活がさらに充実していく。

| 事例：遊びの続きを保障する環境 |

　子どもの遊びは一日で完結することもあれば、数日にわたって続いていく場合もある。一日の終わりにすべてをリセットしてしまうのではなく、明日続きをしたいという子どもの思いを大切にすることで、期待や先の見通しを持つことができる。時間と空間を再構成し、遊びの続きを保障することもまた、環境の構成である。

事例：子どもに与えられる自由度

　大人にとっては掃いて片づける対象となる落ち葉も、子どもにとっては遊びの素材となる。落ち葉を水に見立てるという夏のプール遊びの経験から生じた遊びである。プールを作りたいという子どもの思いを受け止め、柔軟に対応できるところ、また大人用の道具が使えることや、土の混じった落ち葉の上に寝そべることが許されるのかなど、子どもにどれだけ自由度が与えられるのか、その園の風土と、保育者の構えが読み取れる。

事例：子どもの生活や遊びを豊かにするための教材（素材）研究

　さまざまな野菜を園庭で育ててきた子どもたち。目の前で繰り広げられる野菜解体ショーに興味津々。「『やさいのおなか』（絵本）と同じ！」と声が挙がる。野菜に色をつけ、画用紙に断面を写し取りながら、画用紙と野菜を何度も見比べている。その後スタンプ遊びをした画用紙を使って、七五三の千歳飴袋を作成した。食べ物を遊びに使うことはもったいないという風潮もある。なぜその活動をしたのか、なぜその物を教材としたのか、その理由を保育者が語れることが重要である。

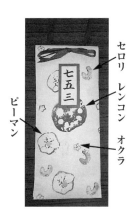

セロリ　レンコン　オクラ
ピーマン

事例：寄り道を可能にする柔軟な計画と環境

　園内では体験できない環境を求めて園外に出向くこともある。これは、姉妹園に遊びに行くという本来の目的からは少し外れた道草的な活動である。行きがけにイチョウの絨毯を見つけた子どもたちの「遊びたい」という思いを受け、帰りがけに遊ぶ時間を作るという柔軟に対応した事例である。そのときどきで対応ができること、できないこともあるが、子どもの興味に応じて柔軟に計画を修正し対応できるように、時間に余裕を持っておくことも重要である。

事例：子どもの探求心を支える環境

　いがぐりを、素手で痛くないように持つにはどうしたらよいかを皆で考える。脇がきゅっとしまっている姿に、痛くないかドキドキしながらも、わくわくと期待していることが感じられる。この日の結論は「手を丸くしたらよい」ということ。たくさんの「イッタア！」を口にした思いから導き出された答えである。一見危険と思える遊びを避けるのではなく挑戦できる環境、そこには何かあったらすぐに対応できるように構えながら、さりげなく見守る人的環境としての保育者がいる。

生活場面の環境

　日常的に繰り返される食事・排泄・睡眠・衣服の着脱・衛生などの基本的生活習慣は、人が生きていくうえで欠かせない営みであり、持ち物の整理や遊びの後の片づけなども、生活していくために必要なスキルである。乳児期、幼児期の初期は、その生活の大部分を大人からの養育に委ねているが、発達段階に応じて必要な環境を整えることが、子どもが自分のことを自分でするという自立へと促していくのである。

事例：マークや目印に込められたメッセージ

　保育実践の生活場面で、一人ひとりの持ち物を入れるロッカーや靴箱には、個人のマークや名前（文字）が記されている。これは身の周りの整理整頓ができるようになることを第一義的な目的としたマークではない。整理整頓ができるようになるのは、環境にかかわった結果として子どもに育まれることである。園にある個人マークは「ここはあなたの場所」という保育者のメッセージが込められている。集団生活の場において、自分の場所があることが子どもの情緒を安定させ、園が自分の生活の場という認識を深めていく。また、自分と他者を区別することにもつながっていく。自分の場所を保障するという養護的な配慮が結果として、身の周りの整理整頓をするという姿や、あるいはマークや文字を認識する認知的な育ちとして現れてくる。

> 　1、2歳児クラスのトイレに、ビニールテープで記された目印。これもただ事務的に「並べさせる」ためにあるのではない。スリッパを並べる際、「次のお友だちがスリッパ履きやすいね」「並べると綺麗で気持ちがいいね」という保育者の言葉により、その行為の意味を理解していく。なぜスリッパを並べる必要があるのか体感的に理解している子どもは、テープの目印がなくなっても、保育者がその場にいなくてもスリッパを自ら並べることができる。無意識にできるようになって初めて「態度として身についた」といえるのであろう。

健康・安全な環境

　保育所保育指針の第3章「健康及び安全」には、近年の災害等の社会動向や子どもの育つ環境の変化を踏まえ、保育所における子どもの健康と安全にかかわる支援について、旧指針（2008）の内容に変更が加えられている。一点目はアレルギー疾患を持つ子どもへの配慮について、二点目は保育中の事故への対策について、三点目は災害時に対する備えについて、より丁寧に行うことが示されている。

　近年小学校におけるアレルギーを持つ子どもの死亡事故や、保育中のプール遊びや睡眠中による死亡事故など、痛ましい事故が起こっている。保育・幼児教育施設は先にも述べたように、養護的な配慮がなされる施設であり、いわば子どもにとって最も安全で安心できる場であることが求められる。子どもの命を預かり、守り育てる施設において、安全な環境のなかでの健康的な生活は第一義的に優先されるべきことである。

　しかし、子どもの主体的な活動を阻害しないように配慮することもまた重要である。「危険だから」という理由で、子どもの育ちに必要な環境を取り払ってしまうことは、子どもの育ちを保障することにはならない。守っているつもりが、子どもから必要な経験を取り上げていることにならないよう留意しながら、事故防止の対策を考えなければならない。

　また近年、地震や水害など未曾有の自然災害が頻発している。自然災害はいつ起こるか分からず、他人事ではないため常に備えておく必要がある。それらの事故防止の対策や災害への備えは、園全体で協議をし、職員の共通理解を図るとともに、保育者一人ひとりが自分の役割を明確にしておくことで、集団生活のなかで子ども一人ひとりの命を守ることができるのである。しかし、大きな災害においては、園だけで対応できない場合もある。地域の自治会や消防局、小学校など関係機関と連携し、災害にかかわる避難訓練を共同で行うなど、いざというときのために日頃から備えておきたい。また、それらの情報を保護者と共有しておくことも重要である。子どもを守るのはすべての大人の責務であることに鑑み、その対策を子どもの専門家である保育・幼児教育施設が中心となり子どもを取り巻くすべての大人で検討していくことが求められるのである。

2　子どもと地域環境

　子どもが育つ場は主に家庭と保育・幼児教育施設であるが、家庭や施設を取り巻く地域環境もまた、子どもが育つ生活の場である。

　教育課程や全体的な計画（第7章を参照のこと）の編成には子どもの実態だけではなく、園が置かれた地域の実情も踏まえることが求められる。乳幼児教育は、「環境を通して行う」ものであるため、子どもの育ちには、人的・物的な環境資源が必要となる。そのような資源は園内だけではなく、園外の地域にある資源（自然、人材、公共施設、行事など）を活用することも、子どもの生活体験を豊かに

する一助となる。それらの資源をどのように生かしていくのか、園のマネジメント力が問われるのであろう。

　保育実践に協力してもらうために、まずは園と地域の人々が信頼関係を築くことが重要となる。散歩に出かけた際、保育者が気持ちのよい挨拶をすること、園行事の際、大きな音が出る場合は事前に断りを入れる配慮をしたり、地域の行事に参加したり、日頃から良好な関係性を形成できるよう心がけたい。そこでの関係性を足がかりとして、地域の方を園の行事に招待したり、得意な分野を生かしてもらったりすることで、地域のなかの施設であるということを互いに認識できるようになるであろう。子どもは、そのような大人の姿を間近に見ることで、自分が地域の一員であること、さらに、地域の大人にかかわってもらうことにより「地域の大人に愛されている、大切にされている」ということを実感することができる。そのような体験が子どもに市民性の芽を育むことにつながることを、園や保育者は意識しながら、地域との連携を図っていきたい。

　また、災害時の対策等、地域との連携が必要であると上述したが、日頃から地域と連携しておくことで、何かが起こったとき、子どもを守ることができるのである。

　高杉（2006）は園と地域の関係は、人間と自然との関係性に似ていると述べている。人間が自然の一部であるように、園もまた、地域の一部なのである。それぞれ別物として捉えるのではなく、ともに生きる、共生を目指したい。

第3節　発達過程に応じて

　0歳から就学前の子どもの成長発達は目覚ましいものがある。皆が同じような発達の道筋をたどってはいくが、その進み具合は個々に異なるため、一人ひとりに応じたかかわりが展開される。もちろん集団での生活でもあり、子どもにとっての社会であるため、集団としての育ちも重視されるが、まずは個を大切にすること、その子どものありのままの姿を受け止め、一人ひとりに応じたかかわりをすることが求められる。

1　乳児・1歳以上3歳未満児の保育

　乳児期の子どもは、その生活のほとんどを養育者に委ねなければ生きていくことができない。しかし一方的に世話をされるだけの存在ではなく、人とのかかわりを敏感に感じ取る能力を持っている。それは大人の養育が必要不可欠な状態で生まれてくる人間の乳児が、大人の養育を引き出すための本能的な能力なのである。

　この時期の子どもの育ちに重要なことは、愛着を形成することである。愛着とは、日常的に繰り返し行われる世話を通して特定の大人（養育者）との間に形成される情緒的な絆のことである。生後3〜4ヶ月頃になると、自分の欲求に応えてくれる特定の養育者とその他の人との区別が徐々につくようになる。8ヶ月頃から見られる、見慣れない他者に出会ったときに不安になり泣いたり嫌がったりする人見知りは、特定の養育者との間に愛着が形成されていることを示している。愛着が形成されることで、その後他者と関係性を形成していくためにも必要な人に対する基本的信頼感が培われる。

　家庭において子どもは保護者と愛着を形成するが、保育施設においては、子どもは保育者と愛着

関係を形成する。そしてその保育者を心の拠りどころ、安心基地としながら、周囲の身近なものとかかわり、さまざまな感性を育んでいくのである。

　1 歳頃になると、身体的な発達に伴い、姿勢の変化や自己移動が可能になることで、さらに探求心を高めていく。またこの頃は盛んに指差しをするが、それはこの時期の子どもの言葉でもある。その指差しは、それまで「私とあなた」「私とおもちゃ」という二項関係から、「私とお母さんとおもちゃ」というような三項関係を理解したことの表れでもある。保育者はその子どものサインを見逃さず、例えば子どもが窓の外を見ているときに自動車を指差した場合、「あ、自動車が通ったね」と子どもの気づきを言葉にして返していくというように受容的、応答的にかかわっていくことが重要である。そのようなかかわりが、身近な人と気持ちを通じ合わせたり、身近なものとかかわり、感性が育まれたりすることにつながっていくのである。

　三項関係が形成されると、友だちとのかかわりも増えるため、物の取り合いが生じることもある。しかしその行為は、わがままや意地悪ではなく、ただその物がほしくて生じる行為であるため、その行為を批判するのではなく、気持ちを代弁するかかわりや、物を十分に用意するなどの環境構成が必要となる。

　2 歳頃になると、自我が芽生え、自己主張が強くなってくる。何でも自分でやりたがり、自分の思い通りにいかないと泣いて思いを通そうとする姿もよく見られるようになる。「イヤイヤ期」ともいわれるが、これもわがままではない。身体的にも発達し、できるようになったことが増え、さまざまな事柄が理解できるようになったため、子どもなりの有能観が芽生えてくる。そのため、自分でやってみたい、できるはず、自分はこうしたいという思いで物事に取り組もうとするが、まだ上手くいかないことも多い。そうしたことに直面したときに、上手くいかないことが受け止められずに、癇癪を起こしたりするのである。思い通りにいくはずなのにいかない、ということは子どもにとっても辛いことである。そのような子どもの姿を受け止め、いつでも甘えてこられるよう「あなたを信じて待っている」「上手くいかなくてもあなたが大好き」という受容的構えで見守ることが重要である。

　この時期は自立と依存を行ったり来たりする時期でもあり、その往還を繰り返すことが自立へ向かう原動力となるのである。

2　3、4、5 歳児の保育

　3 歳頃は、日常の基本動作がほぼできるようになる。また、2 歳頃に芽生えた自我がさらに強くなる時期でもあるので、その意欲を伸ばすかかわりをしていきたい。

　この時期の保育で重要なことは、自分の欲求や思いを十分に表現する自己発揮ができる環境を作ることである。特に初めて集団に入ってきた 3 歳児については、萎縮せず自分の思いを表現できるようかかわることが必要である。皆が自己主張をするということは、当然ぶつかり合いが増えるであろう。しかし、自己主張がぶつかり合う体験を十分にすることが、その後の人間関係の育ちに重要な意味をもたらすのである。気持ちがぶつかり合うことが、自分がやりたいことがあるのと同じように、友だちにも思いがあることに徐々に気づくきっかけとなる。そのことが、その後の集団生活において、皆で楽しく遊んだり、心地よく生活したりするために、ときには自分が引くことも必要であるという自己抑制の芽生えにもつながっていくのである。

自己抑制も大人から教えられてできるようになるのではない。まずは安心して自分の気持ちを自由に表現すること、そしてそれを受け止められる体験を積み重ねることが必要である。保育者は子どもが「ありのままの自分」を表現できる雰囲気、風土作りを心がけたい。

　4歳頃になると、自意識が芽生えはじめ、子どもは自分と向き合えるようになってくる。自我が芽生え、「自分が、自分が」という自己中心的な時期を過ぎると、他者に目を向けるようになる。「Bちゃんは鉄棒が得意」「C君はかけっこが早い」など、他者の得意なことや不得意なことにも気づくようになる。そうなると、他者と自分を比べるようになり、それまでの有能観だけで無邪気にふるまっていた頃のようにはいかなくなる。自意識が芽生えるということは、自分が他者を見ているように、他者から自分も見られているということに気がつくことでもある。また、先の予測が立てられるようになるため、苦手なことに挑戦して失敗したときの自分を想像し、挑戦するかしないかと葛藤する姿も見られる。

　そのような感情を保育者は大切にしたい。子どもなりにできない自分を想像するということは辛いことであろう。また子どもなりのプライドもあるため、子どもの辛い気持ちを受け止めながら、そのプライドを尊重したかかわりをしていきたい。「がんばれ」という単純な励ましではなく、何につまずいているのか考えアドバイスをすることもときには必要である。しかし、その前に子どもの思いを十分に汲み取ること、できないことがあってもよい、弱い自分を見せてもよいという受容的態度で接することが重要である。自分の弱さを受け止めてもらうことで、安心して自己発揮できるようになるだろう。それが他者を理解し、受け止めることの素地にもなっていく。そしてその他者理解が、その後の他者と協同して物事に取り組むときの姿勢となって表れてくるのである。

　5歳頃になると、基本的生活習慣が確立し、さらに自立的な生活を営むようになる。人とのかかわりにおいても、仲間の一員としての意識が芽生え、さらに集団での遊びや、協同的な活動に意欲的に取り組む姿が見られるようになる。保育者には、子どもたちがそれまでの経験を生かしながら、自分たちでより充実した生活を展開していけるような援助が求められる。この時期も友だちと意見が対立することがあるが、目的を果たすためにはどうしたらよいかを自分たちで考え、話し合いで問題を解決できるよう見守っていくことが重要である。

　また、子どもたちが同じ目的に向かうなかで、自己主張をしてよい場面、自分の欲求や行動を抑える自己抑制をした方がよい場面を判断し、自分たちの生活をよりよくするために必要な決まりを作り、守ることができることを信じ見守る保育者の姿勢も大切である。自分たちで生活を展開していくことに充実感を感じることが、社会性や市民性の芽を育んでいくのであろう。さらに、集団としての育ちが大きな時期ではあるが、集団と同時に個人も大切にしながら、集団としての活動が充実するような保育が展開されることが望ましい。

3　一人ひとりを大切にするかかわりとは―保育のなかの公平性―

　保育実践でのかかわりは年齢や個人の発達の段階に応じて変わってくる。保育における公平性とは皆に同じときに同じかかわりをするのではなく、その子どもに必要なかかわりをすることなのである。これは、発達に課題を持った子どもや外国籍を持つ子どもに対してのかかわりも同様である。特別な支援という言葉もあるが、誰にとっての支援であるのか、支援の主体は誰であるのか。平均的な道筋にはあてはまらないために「特別」という言葉で語られることもあるかもしれない。しか

し、その子どもにとってみれば必要な支援であり、特別なものではないであろう。一人ひとりに応じたかかわりとは、課題のあるなしにかかわらず、その子に必要な援助をしていくことである。

　保育所保育指針には、保育所保育における保育内容が示されているが、その内容は乳児保育、1歳以上3歳未満児の保育、3歳以上児に分けて記述がなされている。乳児に関しては、【健やかに伸び伸びと育つ】【身近な人と気持ちが通じ合う】【身近なものと関わり感性が育つ】という3つの視点が示されている。5領域も、それぞれの領域が一つの遊びや活動のなかに混じり合った未分化な状態であり、明確に分類できるものではないが、この乳児保育の3つの視点はさらに未分化なものである。これら乳児期の3つの育ちの視点が、その後の1歳頃からの5領域のはじまり、さらに3歳以上児の本格的な5領域につながっていくのである。

　また、幼稚園教育要領・保育所保育指針には、「幼児期の終わりまでに育ってほしい姿」が示されているが、これは到達目標ではない。あくまでも、方向目標であり子どもが生活を充実させていった結果、そのさまざまな方向に成長していくという、成長を見る視点の一つなのである。それらの姿が5歳の終わり頃に突然見られるようになるのではなく、乳児期から発達段階に応じたその時期にふさわしい生活を営んで行くうえで徐々に育まれていくものであること、すべての子どもが同じように育っていくのではなく、その表れ方は一人ひとり異なることも理解しておかなければならない。

　子どもは地域、社会の宝であり、将来他者と協同しながらよりよい社会を創っていく存在である。また、誰しも子ども時代があり、その育ってきた環境はさまざまではあるが、多くの人々に支えられながら育てられてきたのである。しかしながら、実際に子どもとかかわっていなければそのことに気がつかない場合もあるだろう。

　保育者は乳幼児期の子どもたちの健全な育成に資する専門性を有した「保育の専門家」であり、園は「保育の専門機関」である。子どもの最善の利益について、その利益を保証するために必要なことや大人の役割について、施設内外に発信していくことが保育の専門家として、また地域の子育

コラム

「お願いします」がつなぐ家庭と幼稚園

　幼稚園や保育所では、朝、子どもを預ける際「お願いします」という挨拶をする保護者の姿がよく見られる。その言葉に保育者は「お預かりします」「行ってらっしゃい」などの言葉で応える。ある幼稚園の降園時、送迎バスから降りてきた保育者は、母親に「こんにちは。ただ今帰りました」と挨拶し、子どもとは「さようなら、また明日ね」と言葉を交わした。そして保育者は母親にも「さようなら」と挨拶した後、「お願いします」という言葉とともに頭を下げた。

　降園時に保護者に「お願いします」という理由。それは「朝、私たちは保護者に"お願いします"といわれ子どもを預かる。幼稚園と家庭は一緒に子どもを育てている。だから家庭に帰すとき、明日幼稚園に来るまでの間"この子のことを頼みます"という気持ちで"お願いします"といっている。保護者にとってのわが子は、私たちにとってもわが子だから」ということだ。子どもの生活は連続性によって充実したものとなる。それは家庭と幼稚園両者の「ともに育てる」という意識によって支えられるものなのである。互いに「お願いし合える」関係性を大切にしていきたい。

て支援の拠点として求められる責務なのである。保育者は、子どもの育ちの知見を社会に開くことが、子どもの権利を保障することを常に意識し、その知見を深く広くするための自己研鑽を心がけたい。

引用・参考文献

倉橋惣三（2008）『倉橋惣三文庫①　幼稚園真諦』フレーベル館

厚生労働省（2016 年改正）『児童福祉法』

厚生労働省（2017）『保育所保育指針』

高杉自子（2006）『子どもとともにある保育の原点』ミネルヴァ書房

文部科学省（2017）『幼稚園教育要領』

第 7 章

保育実践のなかで育まれる経験
—子どもは「遊び」のなかで何を培うのか—

　乳幼児期の子どもの保育は「遊び」を中心としている（戸田 2016）。その「遊び」のなかで子どもは何を経験し、何を培っているのか。そして保育実践に携わる保育者は「遊び」をどう捉え、援助していくべきなのだろうか。本章では、実践事例から、「遊び」のなかで子どもに培われるものについて考えていく。

第1節　「遊び」のなかにみえる子どもの育ち

1　保育実践における「遊び」

　保育が「遊び」（以下、「　　」を外して使う）を中心とすることを決定づけたのは倉橋惣三であり、現行の幼稚園教育要領（文部科学省 2017）、保育所保育指針（厚生労働省 2017）、幼保連携型認定こども園教育・保育要領（内閣府ほか 2017）（以下、合わせて要領・指針）においても、日本の保育は遊びを中心としたねらいの達成を目指している（戸田 2016）。なぜ、保育の中心が遊びなのだろうか。

　乳幼児期の子どもの生活の大半は遊びが占める。その遊びとは、子どもが興味関心の赴くままに、遊ぶこと自体を目的として活動することである。大人から一方的に教示されるのではなく、子どもが自ら直接的な経験をすることで全体的な発達をしていく。そのため、保育の中心は遊びなのである。

　遊びと保育のねらいの関係性は、ねらいの達成のために遊びを行うのではなく、遊びが充実した結果、ねらいが達成される（戸田 2016）。つまり保育実践においての遊びは、「このねらいの達成のために、こんな遊びをしよう」と進むのではなく、子どもが自発的に環境とかかわりながら遊びを展開、充実させたことで、ねらいが自然と達成されていくのである。それゆえ、保育実践において、遊びの充実が重要となる。

　下の事例から、遊びとは何かを考えてみよう。

> **事例：A保育所、4歳児クラス、5月**
> 　ある天気がいい日、朝の持ち物の片づけが終わった子どもは、外でままごとをしたりサッカーをしたりと、自分の好きな遊びを楽しんでいる。そんななか、B男が部屋の真ん中で膝を抱え、頭を腕で隠すようにして丸くなり、「ギュイーン」「シュピッ」と大好きなトランスフォーマーの効果音をつぶやいているのを保育者Cが目にした。保育者CはB男があまり人とかかわったり戸外で遊んだりしないことを心配しており、その日B男に「一緒に何かして遊ばない？」と聞いた。するとB男は顔を上げて、「先生、今B男（自分）は遊んでいるんだよ」と答え、すぐにまた丸くなって自分の空想の世界でのセリフをつぶやき出した。

85

この事例で、なぜ保育者Cは、B男にこのような声かけをしたのだろうか。保育者Cの声かけに答えたB男の言葉は、どういう意味を持つのだろうか。

　保育者Cは、クラスのほかの子どもたちと比べながらB男の様子を見て、B男が「ただ座っているだけ」「何もしていない」と捉えたため、「何かして遊ばない？」と声をかけた。しかし、B男は好きな映画の世界に頭のなかで入り込み、イメージを膨らませて遊んでいたのである。さらに「B男は遊んでいるんだよ」という言葉から、B男は自分がそのイメージの世界にいることに満足していることや、それが自分にとっての遊びだということを意識していることが分かる。保育者Cにとっての遊びは、いきいきと体を動かしたり友だちとかかわったりする表面的な行為であった。確かにその意味で、その場から動かないB男は「何もしていない」ように見えるのかもしれない。B男と保育者Cの遊びの捉え方に乖離が生じている。

　遊びは生活そのものである（倉橋 1976）。遊びは、子どもたちがそこ（生活のなか）で過ごしている姿そのものを指す。大人からみたら何もしていないようにみえても、B男が毎日その場にいる行為は、遊びの主体であるB男にとっては、「自ら遊んでいる」のである。そのことから、遊びとは、保育者Cが捉えたような表面的なものだけを指すのではないことが分かる。

　子どもの言葉に耳を傾けてみると、友だちを「ヒーローごっこをしよう」と誘い、保育者に「色水屋さんでね、おいしいぶどうジュースを作ったよ」と話す。また、「今日は砂を地面まで掘るよ」「早く走れるように、何回も走ってこよう」「虫が見つかるといいなぁ」と具体的な遊びの様子や思いを口にする。子どもたちにとってこれからする遊びは、遊びというより「今自分がしたいことをしていること」と表現すればいいだろうか。B男の事例と合わせて考えると、子どもにとっての遊びは、表面的な行為そのものだけでなく、「子どもの思いに沿って過ごしている様子」であることを踏まえなくてはいけない。

　そう考えると、保育者の「○○ちゃんは、今日はよく遊んでいた」という言葉は、遊びの本質を捉えているとはいえない。保育者は子どもが「遊んだか、遊んでいないか」という見方ではなく、そこで子どもが何をしているのか、どうやって過ごしているのか、どんな思いでいるのかを具体的にみることが大事である。

経験の積み重ねと遊びの展開

　保育実践における具体的な遊びをみてみよう。例として、砂場での遊びの様子を図7-1に記した。

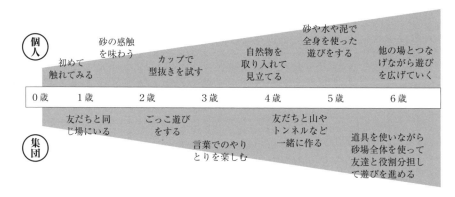

図7-1　砂場における遊びの様子

　保育実践のなかの砂場という一つの場の遊びの様子でも、このように多様な経験がある。これは簡単に遊びの様子をまとめた一例である。子どもの遊ぶ姿を丁寧に読み取ると、一言で書き表せるものではない（一つの遊びから考えられる経験については図7-3を参照）。さらに、子どもは次々に想像を広げて遊びを展開していき、遊ぶ姿は複雑になっていく。

　子どもは砂場で遊ぶ間に、ヒト・モノ・コトなどの環境とかかわりながら、経験を積み重ねる。その経験から遊びは変化していく。遊びの内容の発達ごとの区切りや「砂場遊びならこうしなければならない」といった基準はなく、子どもの自由な発想や友だちとのかかわりで遊びが展開する。しかし、ここで一つ重要なことは、前段階の経験をしていないと、次の段階へ進んではいかないという法則である。例えば、「カップで型抜きを試す」ことは、砂の感触を味わった経験や、友だちがしている遊びを見たり道具を使ってみたりしたからこそ、型をひっくり返すという遊びに発展していく。その前段階の経験も多様にあるが、経験したことは消えていかず、どんどん積み重ねられていく。つまり、子どもがする経験はどれ一つ無駄なものはなく、それぞれの子どもの発達に適した遊びをいかに経験するかによって、その後の遊びの広がりや豊かさが変わってくる。この経験の積み重ねの法則は、生涯にわたって変わらぬものである。乳幼児期からの充実した遊び経験の積み重ねが、その後の人生を豊かにしていくだろう。

2　自発的な活動としての遊び

　子ども自らが自分の思いに沿って、周りの環境とかかわることが遊びである。要領・指針では、「自発的な活動としての遊び」と、遊びを自発的なものに限定して定義している。その自発的な活動とは、どのような意味を持つのだろうか。そこには、子どもにとっての自由度や、子どもの主体性と保育者の意図のバランスが関係してくる。

　保育実践において、保育者が子どもの遊ぶ時間を確保し、子どもは遊んでいると思っていても、その活動の後に「先生、遊んできていいですか」という言葉が出るという話をよく聞く。どうしてそのような発言が出るのか、その子どもの思いをどう捉えればよいのかについて、考えてみよう。

遊びの自由度

事例：D 幼 稚 園

　D幼稚園では、子どもは登園後に持ち物の片づけを済ませると、自分が好きな遊びをして過ごす。園の方針としては、子どもの遊びの様子に応じて遊ぶ時間も変動させている。子どもは遊びの片づけをした後、学級での活動を行ったり昼食を済ませたりする。そしてまた自分が好きな遊びをし、降園する流れである。日々十分に遊ぶ時間を確保しているにもかかわらず、降園の時間が近づいてくると、子どもたちは毎日「さようならの後、園庭で遊べますか」と園庭開放について保育者に確認をする。ときには、朝からその質問が繰り返されることもある。
　※D幼稚園での園庭開放とは、降園して保護者が迎えに来た後、40分間のみ園庭を開放していた制度であり、保護者が遊びを見守り、保育者は遊びの援助を行わない決まりとなっていた。また、行事や研修によって園庭開放を行わない日もあったことから、子どもたちがその日は園庭開放があるのかを保育者に確認していた。なお、その日に遊んでいた遊具や道具は基本的に毎日、子どもたちと片づけをしていたため、園庭開放の時間に子どもは、道具を使わず遊んでいた。

　なぜ、子どもたちは園庭開放を心待ちにしていたのだろう。

ここで考えられる要因は２つある。一つ目は、保育実践の内容である。Ｄ幼稚園の「十分に確保していた遊びの時間」の実践はどのように行っていたのか。子どもは自分の思いに沿って自由に遊ぶことができる時間だったのかという課題である。これについては、事例には書いていないので推測でしかないが、少なくとも朝から「降園後の遊び」について聞く子どもにとっては、その日の園での遊びへの期待は薄かったのかもしれない。

　二つ目は、遊びの自由度の高さである。子どもにとって、Ｄ幼稚園の園庭開放の時間は保育のなかに存在する「暗黙の決まり」や「見守りの目」もなく、自分がしたいことを誰にも邪魔されず、何の制約もなく遊べる時間だったのだ。自分を解放し、思いの向くままに過ごせるのは子どもにとって最高の環境だろう。たとえ道具がなくても、友だちとやりとりをしながら遊ぶことは、理想的といえるかもしれない。ただし、そこには大切な要素が抜けている。子どもがただ遊びたいままに遊ぶのは、別の角度から見ると「放任」である。その放任の状態は、子どもがこの時期にしか経験できないことを逃してしまうおそれがあるのだ。前述したように、子どもにはその発達過程に合わせて必要な経験もある。園庭開放のような、保育者が一切かかわらないような保育を、保育時間のなかで行っていくとしたら、子どもの経験が偏ることは容易に想像がつく。だからこそ乳幼児期には、子ども理解をもとにして計画を立て、環境を構成し、適切な援助を行う遊びが大切なのである。

　子どもが興味関心の赴くままに好きな遊びに取り組めるよう保育者が計画を立てても、園で展開される以上、ある程度の制約が生まれる。保育室や廊下、園庭など日頃遊ぶのは園内に限られるなどの場所の制約や、登園と降園の時間が決まっており、また昼食や午睡など一日の流れのなかで遊ぶことのできない時間もあるなどの時間の制約もある。例えば極端ではあるが、一日のなかで決められた活動が多く、遊びの時間がわずかであったり、保育者が「今日は積み木だけいいよ」と遊びを決めたりしている園があるとしたら、制約が多く、子どもの自由度は少なくなるといえる。

　図7-2に、保育実践における遊びの自由度と制約を表した。子どもの自由度と、大人からの制約は相反する関係になる。制約は、園の仕組みやカリキュラム上必然的・固定的なものもあれば、保育者が意図的、もしくは無意識的に設けているものもあるだろう。遊びの自由度が高くなるよう、

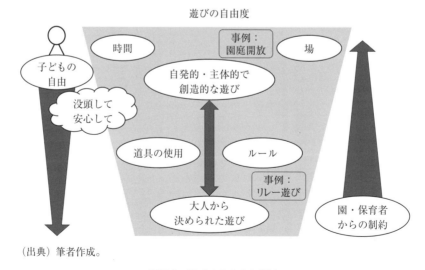

（出典）筆者作成。

図7-2　遊びの自由度と制約

流動的な制約に関しては極力なくしてみてはどうだろうか。例えば遊びの道具を、"保育者があらかじめ構成していた道具だけしか使ってはいけない"とするのではなく、これまでの経験の積み重ねを踏まえて、子どもが自分で道具を出し入れしたり選んだりして遊べるように環境を変えてみるのだ。それでもし困ったときには子どもがその解決法を考えていけるよう援助することで、子どもは自分の思いに沿った自由度の高い遊びが展開でき、主体的に遊びを進められるのではないだろうか。

子どもの主体性

事例：E幼稚園、5歳児のクラス、10月、担任保育者；保育歴1年目（小学校教育歴3年）
　E幼稚園の年長のF組は、運動会の後から、毎朝外に出るとリレー遊びをはじめる子どもが10〜14人いる。そこで担任保育者Gは、毎朝園庭に白線を引き、バトンを準備した。最初は運動会のときの紅白に分かれて遊んでいたが、紅組と白組の自分の好きな方になりたいという子どもの言葉を聞いて、担任保育者Gはリレー遊びをはじめるときは、「紅組になりたい人はこっち、白組になりたい人はこっち」と並ぶ場所の前に立ち、担任保育者Gがチーム分けをしてリレーを進めた。子どもたちが「リレーをしたい」と好きなことを見つけ、自分の好きなチームを選ぶことができる主体的な活動であると担任保育者Gは考えた。人数が足りないときには声をかけ、均等になるように援助した。
　リレーのスタートの合図は笛を使い、担任保育者が行っていた。運動会の本番のようで子どもたちは喜ぶだろうと、担任保育者Gはリレー遊びでもスタートの合図で笛を吹いた。途中で「スタート係をしたいので変わってほしい。笛を吹きたい」とH子がいってきたが、担任保育者の笛を貸す衛生面が気になったことと、一人がはじめると皆やりたがることが予想され、そちらに関心が移りそうだと予想したことから、そのまま担任保育者Gがスタート係を続けた。
　次第に足の速さに違いがあることに気づき、リレーに勝ちたい子どもたちは足の速い友だちと同じチームになるように並び、一方的な勝敗が続いた。そこで担任保育者Gは、「この状況をどう思う」と子どもたちに投げかけ、話し合う時間を設けた。

　この事例の担任保育者Gは、小学校から異動となり幼稚園に勤務して1年目だった。このリレー遊びは子どもが自分たちの思いで集まってはじめたので、きっかけは「自発的な活動としての遊び」といえる。そこで下線を引いた主な担任保育者Gの援助の部分に目を向けてほしい。担任保育者Gは自発的な活動としての遊びの適切な援助をできているだろうか。
　遊びのきっかけは子どもたちの自発性かもしれない（自発性が発揮されるよう、環境構成をしていることも押さえたい）が、その後の展開は、保育者の意図に基づき、保育者が主導となって遊びを進めて

いる。保育者が指示するままに遊ぶということは、この遊びの主体が子どもたちから保育者に移っているといえる。そうなると、子どもたちが「困ったな、どうする」「もっとこうしよう」などと主体性を発揮する場面がなくなってしまう。

　それでは下線の部分は、どのように援助をすればいいだろうか。「子どもの主体性を引き出す」ことを考えると、これらはすべて、子どもたちが自分たちで行えるものである。チーム分けも、スタートの合図も、問題があったときの気づきやその解決への方法も、子どもたちが遊びの主体となってその課題に気づき、解決しようと取り組むと、遊びが「自分たちのもの」となるのである。ただし、子どもの主体性は、ただ見守るだけでは引き出すことはできない。例えば子どもが遊びの問題に気づかなかったり、解決につまずいていたりしたときなど、必要なときに必要なだけ保育者が傍らで援助することで、子どもの主体性を引き出し、遊びが自発的になる。

　子どもが遊びのなかで「感じる」ことや「考える」ことがあるかどうかは重要なことである。「考える」ためには、遊びが「自分のもの」として存在していなくてはならない。子どもの発達を願う保育者の意図も大切である。しかし、保育者の意図が強過ぎると、子どもにとって遊びが「自分のもの」にはならないだろう。子どもの主体性と保育者の意図はどちらが強くてどちらが弱いではなく、子どもの主体性を発揮することを優先として、保育者の意図は子どもに気づかれないようにそっと存在していてほしい。

　もう一点、　　　　　で囲んだ部分が意味すること、担任保育者Ｇがどうしてそのように考えているのかも考えてほしい。担任保育者Ｇが、子どもの遊びに「こうなくてはならない」という意識があると同時に、保育者にとって、保育を進めやすいようにしようとしていないだろうか。保育の主体はあくまでも子どもである。子どもの思いに寄り添うためにはどんな援助が考えられるだろう。

3　子どもの育ち

遊びをみる―子どもの姿が出発点―

　遊びをみる（※ここでの「みる」は、総合的に「みる」＝「理解する」という意味合いである）ためには、ただ目に見える子どもの行動だけではなく、行動や表情から読み取れる子どもの心情やその場の雰囲気などミクロな視点と、遊びの前後の状況を含む環境などのマクロな視点の両側面が必要となる。

事例：Ｉ幼稚園、４歳児のクラス（２年保育）、６月

　Ｊ男は、朝一番に登園してくると、すぐに製作等の道具が置いてあるワゴンのところへ向かった。ワゴンの側面に、数種類の紙テープがかかっている。それを見つめるＪ男に、保育者が「新しい色があったよ」と青色のテープを指していう。Ｊ男は青のテープを長めに５本切り、近くの机に持って行って座ると、自分のはさみでテープを細かく切りはじめた。保育者が「昨日使っていたバケツはどこに置いたの」と声をかけると、Ｊ男ははっとした顔をする。保育室の隅の棚に置いていた赤いバケツをとってくると、そのバケツのなかに切ったテープを入れる。そして残りのテープも切りはじめる。そのうち、ほかの子どもがそばに来てＪ男と同じようにテープを切ってバケツに入れたり、机の向かい側でままごと遊びをはじめたりする。Ｊ男はときおりその様子を目で追いながら、自分の作業に集中している。向かいに座った子どもが「今日、逃げる日？」と保育者に避難訓練の有無を尋ねると、Ｊ男はポケットからハンカチを出して口にあてる。そしてハンカチを仕舞うと、その後30分以上、Ｊ男はハサミでテープを切り続けた。

この事例で、J男が遊ぶ様子を読み取ってみると、どのような育ちがみえてくるだろうか。単純な行為だけに着目すると、「J男は紙テープを細かく切っている」というだけの記録になる。ここで、丁寧にJ男の様子を読み解いてみる（以下、地の文がJ男の様子、【　　】がそのJ男の姿から考えられることとする）。

青いテープを切る（【新しい環境を試そうとする】）、バケツをとりに行く（【昨日の遊びの意識がつながっている】）、友だちの方に目をやる（【自分の遊びに没頭しつつも周りの友だちの声が耳に入っている】）、避難訓練の話を聞いてハンカチを口にあてる（【前月に行った避難訓練の経験を思い出している】）などと、この記録から数々のJ男の育ちがみえてくる。そして、これはJ男の30分間だけを切り取った一場面であるが、その育ちをみるためには、これまでの経験、その場の雰囲気や友だちの行動、J男のいる環境と、子どもの姿を点や線、面だけでなく、空間や時間の広がりなど、大きな視野でのさまざまな部分に目を向けながらミクロな視点とマクロな視点を織り交ぜて子どもをみていく必要がある。

小さな変化からみえる育ち

事例：Kこども園、1歳児のクラス、1月

K園の1歳児クラスでは、2階の細長いオープンスペースの空間を利用し、床に線路の形で端から端まで一周できるように、ビニールテープを貼っている。線路上には、ラップの芯やスポンジなどで足の感触を確かめる障害物を設置しており、段ボールで作ったトンネルもある。つきあたりに子ども用キッチンを配置し、キッチンの前に絨毯を敷き、牛乳パックで作った机が置いてある。

ある日、絨毯スペースで子どもたち数人がままごとをしていた。保育者Lは、絨毯に座り、ままごとをする子どもたちに声かけをした。

2歳7ヶ月のM男は絨毯側の線路の端からスタートし、障害物一つひとつ踏みしめて乗り越えながら、絨毯の方に帰ってくる遊びをはじめた。戻ってくると絨毯にぺたりとおしりをつけて座り、線路を見ながら大きな声で「おかえり」という。すぐ近くにいた保育者Lは「お帰りなさい」と答えた。少し線路を見つめるとまたM男は出発する。帰って来たら絨毯に座り、M男「おかえり」、保育者L「お帰りなさい」のやりとりを3度繰り返した。4回目、M男が帰ってくると保育者Lの周りをほかの子どもたちが数人で囲んでいた。するとM男の「おかえり」の声が前の3回より少し小さくなった。そして5回目にまたM男が出発した後、保育者Lはほかの場所の援助に行き、その場からいなくなった。また同じように帰って来たM男は、今度は「おかえり」といわずに黙って座った。

上記の事例を見て、M男の育ちがどこにみえるだろう。まず、拙い歩行で、障害物を踏みしめながら前に進むこと。そして同じ動きを繰り返す楽しさをM男は感じている。そして「おかえり」という。大人からみると「ただいま」という言葉と使い方が逆なことは分かるが、そのことよりもM

男が「おかえり」という行為に、以前どこかで帰ってきたときに誰かに「おかえり」といわれた経験が心に残っていること、それを再現できていることが育ちとして捉えられる。信頼を置ける人のところに帰って来たら声をかける、または声をかけてもらう。それは人間関係の基礎的な部分である。M男の人とのかかわりの広がりが展望できる。

さらに、M男は4回目に声を小さくした。その1回の行為で、M男は「おかえり」という言葉を保育者Lに対してかけていたのだということが分かる。目線は線路を向いていて、周りに友だちがたくさんいても、M男の思いは保育者Lに向いている。保育者Lが「お帰りなさい」と受け止めてきたからこそ、M男は自分の届ける声の宛先を理解して言葉を発しているのだろう。そしてその宛先がいなくなった5回目、「おかえり」をいうことを止めたことからも、保育者Lの存在を意識しているM男の思いに気づかされる。これからだんだんと、M男の語彙数や相手が増えていくだろう。その最初の段階で、たった一つの言葉を受け止める姿勢がいかに大事かが分かる。また、その小さな声の変化から、M男の育ちを読み取れることは子ども理解のおもしろさでもある。

多層性で総合的な育ち

保育実践のなかでは一つの遊びと表現されていても、そのなかで子どもたちは実に多くの経験をしている。

図7-1の砂場での遊びの様子から、どれか一つを取り上げ、子どもがどんな経験をしているかを書き出してみよう。できれば、その経験の順序や関係性まで考えてみることをお勧めする。

本項では、ある日の砂場において、「友だちと一緒に山やトンネルを作る」遊びで得られる経験を書き出した（図7-3）。子どもの遊んでいる様子を丁寧に見ると、実に多くの経験をしていることが分かる。その経験は、前述したように積み重なっていく多層性であり、この一つひとつの育ちを読み取りながら、適切な援助を積み重ねていくことで、子どもの育ちは豊かなものになっていく。

発達をみる側面として5領域がある。例えば、「体全体を使ってシャベルで穴を掘る」健康の領域、と「友だちと分担しながら協力し合う」人間関係の領域、「砂の不思議さを感じる」環境の領域、

図7-3　一つの遊びで子どもが経験すること

「高い山であることを伝える」言葉の領域、「自分の考えを話す」表現の領域と、この遊びにおいてはすべての領域が含まれていることが分かる。もっと細かくみると、例えば先ほど挙げた「自分の考えを話す」は、表現の領域と捉えられるものの、話すために言葉を使い、話す相手がいるという人間関係もかかわるなど、一つの経験に複数の領域が含まれている。一つの遊びにおいて、それぞれの領域が複雑に絡み合い、関連し合う。そして子どもは総合的に育っていくのである。ただ漠然と遊びから育ちをみるだけでなく、5 領域という「窓」を使うことで、育ちが鮮明にみえてくる。

　しかし、砂場の一例をみて分かるように、健康の面を発達させるための「砂場遊び」というように、領域から遊びを考えるのではなく、「砂場遊び」をすることで、5 領域が総合的に育まれていく。あくまで遊びが出発点である。その遊びのなかにどれだけの育ちが入っているかを理解できる視点が必要である。

第 2 節　保育実践における計画・評価・改善の流れと手立て

　図 7-4 は、保育実践の計画−実践−評価−改善の流れを表したものである。枠組みを左側に、保育実践での具体的な用語を右側に表した。どの段階をみても子どもの姿とつながっていることが分かる。幼稚園の保育は対象本位に計画されていくべき（倉橋 1976）であり、保育の計画は子どもの姿からはじまる。保育者が子どもの遊びや生活をする姿から、一人ひとりの思いを読み取り、子どもの発達に合わせたねらいを設定するというように、出発点に子どもの姿があることが保育の原則となる。また、子どもが中心となるのは計画のときだけでなく、実践、評価、改善のどの段階においても子どもの姿に還る、つまり子ども理解がベースとなる。第 1 節で述べた子どもの遊びや生活を理解する力を持って計画を立て、実践においても、評価や保育の改善においても子どもの姿に応じながら進めていく必要がある。大人の都合ではなく、子どもを中心とした保育計画の作成が求められる。

1　保育の計画と実践

保育実践の計画の枠組み

　保育実践においては、乳幼児期の保育・教育を大綱化したものとして、要領・指針が定められている。その 3 つは 2017 年に改訂・改定され、2018 年から施行されている。

　保育指針（2017）では、「目標を達成するために、各保育所の保育の方針や目標に基づき、子どもの発達過程を踏まえて、保育の内容が組織的・計画的に構成され、保育所の生活の全体を通して、総合的に展開されるよう、全体的な計画を作成しなければならない」と、「全体的な計画」の作成が義務づけられている。教育・保育要領（2017）においても、「教育と保育を一体的に捉え」「子育ての支援と有機的に連携し、園児の園生活全体を捉え、作成する計画」としての「全体的な計画」の作成が義務づけられている。一方で、教育要領（2017）は「総則」に「各幼稚園においては、（中略）創意工夫を生かし、幼児の心身の発達と幼稚園及び地域の実態に即応した適切な教育課程を編成するものとする」ことが定められている。全体的な計画については、「教育課程に係る教育時間の終了後等に行う教育活動の計画、学校保健計画、学校安全計画などとを関連させ、一体的に教育活動が展開されるよう全体的な計画を作成するものとする」とされている。つまり、3 施設において、全体的な計画は共通しているが、教育課程の作成が義務づけられているのは幼稚園だけである。

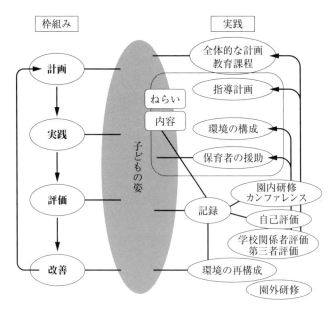

全体的な計画
教育課程

指導計画

ねらい
内容

環境の構成

保育者の援助

園内研修
カンファレンス

自己評価

学校関係者評価
第三者評価

環境の再構成

園外研修

記録

子どもの姿

計画

実践

評価

改善

図7-4　枠組みと実践から見た保育の流れ

　そして日々の全体的な計画、教育課程に基づき具体的な内容を示したものが指導計画となる。指導計画には、長期的に発達を見通す、年、学期、月などの長期の指導計画と、具体的な日々の子どもの生活に沿った週、日などの短期の指導計画と呼ばれるものがある。保育所や認定こども園においては、3歳未満児について、生育歴、心身の発達等の個別的な計画を作成することが原則である。

　長期の指導計画は、入園から卒園までの子どもの発達を踏まえた教育課程に準じて計画を立て、それに加えて各幼稚園・保育所等の歴史・文化や、地域性、保護者の願いなどの視点を持って、園全体の計画として学年や学級間の連携を図りながら作成する必要がある。そして短期の指導計画は、長期の指導計画と関連させながら、具体的な幼児の姿に合わせて、生活の流れや環境の構成、保育者の援助や柔軟な対応などを検討し、作成していく。

　図7-4で示したように、全体的な計画や教育課程、そして指導計画のそれぞれは、分離して作成されるわけではなく、すべてがつながりを持って作成される必要がある。そして、どの時点においても、その園の、目の前の子どもの姿をベースにしていかなければならない。

計画の実際

　全体的な計画や教育課程、指導計画作成においての留意すべき事項については要領・指針のなかで挙がっているものの、形式の指定はなく、実践の場においてそれぞれの園が独自のものを作成している。短期の指導計画は、①時間軸を中心に捉える計画、②子どもの活動の展開を捉える計画、③空間軸を中心に捉える計画、④子どもの興味関心を捉える計画、の4つの特徴に分類される。①は最も一般的なスタイルであるが、活動予定としてのスケジュールにならないよう配慮することが大切であり、子どもの遊びを軸とした実践を言語化しようとする②の計画への試みの増加が近年みられる（前原 2016）。それぞれの計画の形式には長所と短所があり、発達過程や保育方法などでも適する形式が違う。社会や子どもの実態は常に変わり続けている。保育実践においては、園独自の全体的な計画や教育課程をもとにして、どのような指導計画が適しているのか、常にその内容や形式について検討しながら作成するという柔軟性も必要ではないだろうか。

環境を通した保育

　子どもの遊びは環境とのかかわりを通して生まれる。乳幼児期は環境との相互作用で心身が著しく発達し、その影響は大きい。それゆえ、環境を通した保育が前提とされている。

　保育実践の計画案となると、環境構成を狭義の意味で、遊具や道具などのモノの構成だけで捉えがちである。しかし自然やその場の雰囲気、空気なども遊びを広げる環境になり、その瞬間瞬間の状況や、その場にいる（もしくはいない）ヒトも環境となる。園での遊びは、「モノ」だけでなく、「コト」や「ヒト」も環境として捉えて構成していく必要がある。

> #### 事例：N 幼稚園、4 歳児クラス
> 　O 子は、2 年保育として 4 月に入園してきた。入園式は泣いて母親のそばをずっと離れず、それから 1 週間は毎日泣きながら登園し、泣き止んだとしても一日のなかでふと泣き出すことが多かった。戸外でも室内でも、友だちが遊んでいる様子をじっと見ているが、O 子が自分から遊ぼうとする素振りは見せない。保育者が誘ったり、周りの子どもが声をかけたりしても、黙って首を横に振るだけで、言葉も発しない日々が続いた。友だちが遊ぶ様子に興味を持っていることは感じ、担任保育者はなるべく多くの遊びのきっかけを準備していたが、O 子が動き出す様子は見られなかった。O 子の様子を他の職員も共有し、何とかしたいと願っていた。
> 　4 月 22 日、戸外で P 子が転がしていたフラフープが偶然 O 子のもとにきた。そこで O 子は P 子に届くように転がし返した。顔は笑っている。「やった」と担任保育者は思い、そのまま続くかなと見ていた。O 子と P 子のやりとりを見て、喜んだ担任保育者とクラス外の補助をしていた保育者 Q は、「楽しいねぇ」と声をかけながら、O 子の隣に立った。その途端、O 子は後ずさりして、園庭の隅に戻ってしまった。O 子には「自分の遊んでいる様子を見られたくない」という思いがあるのではないかと考えた担任保育者は、その日の降園後、園の職員に、O 子からの環境への働きかけが出るまで見守ってほしいと依頼した。
> 　そして翌朝、担任保育者はフラフープをいくつか、O 子がいつもいる場所の近くに置いておいた。いつものようにフラフープで遊び出した P 子を見ていた O 子は、きょろきょろと周りを見ながらフラフープを手に取り、そっと転がしてみた。その後、O 子は P 子のまねをしたり自分なりに遠くに投げてみたりしはじめた。その O 子に対し、「見て見ぬふりをする援助」を園全体で行い、O 子が初めて自分から遊んだ様子を、職員で降園後に喜び合った。

　O 子は周りの状況の変化に敏感で、そして人前で失敗をすることをおそれていた。P 子とのかかわりが生まれたのは、偶然であった。一方で保育者 Q は、O 子の遊びがもっと広がったらいいと思って声をかけてみたが、O 子にとってはそれが遊びを阻害する要因になってしまった。この場合、どちらも人的環境であるが、意図的にかかわっていない P 子が、O 子の遊びに変化をもたらした。また、O 子にとって「人に見られている」といった雰囲気そのものも、環境の一部であった。

　1 日目に O 子が自ら遊ぶことはなかったが、担任保育者は、O 子にとってフラフープは興味があるものだと読み取り、翌朝地面に置いておいた。物的環境の構成である。おそらく「フラフープする？」と誘っても O 子はしないが、偶然近くに合ったら手にとるのではないかと担任保育者が予想しフラフープを置いたことで、O 子は遊ぶきっかけができた。また、O 子にとって重要な「見られていない雰囲気」も職員で話し合って作り出した環境として、O 子の遊びに寄与したと考えられる。

　環境の構成も、保育者の援助も、保育実践において正解はない。そして、子ども一人ひとりに対して適切な援助は変わり、一人の子どもにとっても毎日同じ援助が通用するわけではない。乳幼児

教育には、小学校のように教科書や指導書があるわけではないが、発達過程に合わせた必要な経験があるため、保育計画が重要となってくる。子どもの姿に合わせて計画・構成した環境と子どもとのかかわりが、子どもの自発的な活動としての遊びとなっていく。

2　保育の評価と改善

制度としての保育の評価

保育・幼児教育の実践の場では、改革が進められ、評価が制度化されているところである。保育の質の向上のためには、保育の評価と改善は欠かせない。

保育の質の検証に関する国際的動向や方法については、第2章を参考にされたい。本章では、保育実践における評価、改善について言及したい。

乳幼児教育・保育施設における評価については、自己評価、学校関係者評価、第三者評価と大きく3つの制度が定められている。自己評価については、職員、園自らが評価を行う。学校関係者評価は主に幼稚園において、保護者、地域住民等の学校関係者が評価委員会を構成し、自己評価の結果について再評価する。また第三者評価は3施設とも努力義務とされているが、学校と直接関係のない専門家等による客観的な評価である。

いずれも、乳幼児教育・保育施設園が主体となって保育の改善のために定期的な評価を行っていく必要がある。

保育の評価と改善—記録をもとにして—

幼児教育は見えない教育法と呼ばれ、「見えない教育」であるために、「質」保障のための評価のあり方が議論されている（秋田ほか 2007）。そのとき、その場、その状況でしか起こり得ない「一回性」という特性を持つ保育の営みは、一瞬で消えていくため、評価を行うためには何らかの手段を用いなければならない。その根拠となる子どもの姿の記録を日々取り続けることが必要となる。保育者は、日々の保育終了後、その日の子どもの姿を記録したり、その姿から自身の保育を振り返ったりすることで省察をして記録する。それが翌日の計画へとつながっていく。記録が残ることは、保育を「可視化」することであり、自分自身の保育に対する意識に気づき、保育の省察を行えると同時に他者と共有することができるようになる。他者との共有は、保育の可能性の広がりと、子どもをみる目が増えることによる子ども像の多角化を可能にする。その記録をもとに、保育の評価と改善を適切に行えれば、保育の質は向上していくだろう。

日々の実践において保育者が行っている記録も、その表し方には多様性がみられる。第1項でみたような計画案の形式も多様ななかで、計画と記録が一体となったもの、特に週案や日案に記録を書き込む形式は、計画までの流れがスムーズになる。また、保育所や認定こども園において3歳未満児では個人記録を作成する必要があるが、3歳以上児でも集団のなかでの個人の育ちも重要である。その個人の記録はまた、学年度末の要録の作成にもつながっていくため、子ども一人ひとりの育ちを確認するために、作成することが望ましい。

子どもの姿を記録するツールとして、ビデオカメラやデジタルビデオカメラ、ICレコーダーなどの電子機器と、筆記、それらを複数使ったものとが考えられる（文部科学省中央教育審議会〔2016〕では、ドキュメンテーション、ポートフォリオと表現）。記録者も、保育実践をしている保育者と、園長や補助職員など保育にあたっていない職員、そして外部からの講師などの第三者と違いがあり、それぞれに

よる記録のよさや特徴を理解しながら、保育の評価を進めたい。保育者は、保育以外の仕事も多く、多忙である。つい後回しにしてしまいがちな記録を負担に思わないように、デジタルビデオカメラを利用したり、キーワードだけをメモして思い出せるように、工夫することで、記録を継続することができる「自分流」の方法を見つけてほしい。また、近年はそのように遊びの様子を記録した写真を、保護者に見せるポートフォリオや掲示物として生かす事例も増えている。写真は、自身の保育記録として、園内研修の資料として、そして保護者との信頼関係構築のツールとして、何重もの活用が考えられる便利な方法である。

　保育を改善していくためにはまず自分での省察が基本ではあるが、記録を共有したり、保育を参観してもらったりすることで他者からの気づきを得ることができる。その共有の場としては、保育カンファレンスや園内研修が一般的であろう。園内研修のあり方や方法については、今多くの研究が進められているところである。話し合いにおいては、保育実践の改善のために悪いところを見つけ合うのではなく、もっとよくするための工夫や、子どもの姿からみえる育ちについて話しができる同僚性を培うことが大切である。

第3節　保育の社会的役割と責務

　これまで、子どもの遊びや育ち、保育の実践について述べてきた。幼稚園や認定こども園、保育所は、時代に応じて社会に求められることが変化し続ける。今の日本では、どういったことが保育に求められているのだろうか。

1　近年の子どもを取り巻く子育ての状況

　保育指針の改定に関する議論のとりまとめ（厚生労働省社会保障審議会児童部会保育専門委員会 2016）には、次のように保育をめぐる近年の状況がまとめられている。近年、核家族化・地域のつながりの希薄化から、子育てへの助言、支援や協力を得ることが困難な状況となり、乳幼児と触れ合う経験が乏しいまま親になることが増えた。共働き家庭が増加し続ける一方で、仕事と子育ての両立の課題や30〜40代男性の長時間労働割合も高い水準にある。就労の有無や状況にかかわらず、子育ての不安や孤立感が高まるなか、児童虐待の発生も後を絶たない。

　地域に頼れる人がおらず、夫は仕事で忙しい。孤独に子育てをしている状況を「孤育て」だと名前がつけられるほど、社会的に問題となってきている。

　また、子どもの貧困率も、2015年の調査では、3年前から少し回復した16.1％になったものの、日本の7人に1人の子どもの家庭が貧困家庭である。

　子どもの数は減っているにもかかわらず共働き世帯が増えた結果、政府発表での2016年度の待機児童数は2万人を超え、保育所においては、1、2歳児の利用率の増加が顕著である。保育所が担う責務は大きいといわざるを得ない。

　厚生労働省は2014年、「地域子育て支援拠点事業」として幼稚園、認定こども園、保育所等に、地域子育て支援のための場所提供を要請しており、地域と乳幼児教育・保育施設が一体となって、家庭の支援を行っていくことが求められている。

　乳幼児教育・保育施設で担える役割について、次の事例をみてもらいたい。

事例：R幼稚園、2月

　2月のある日の降園後、R幼稚園に電話がかかってきた。若い感じの声の女性Sさんは、「長女が3歳です。幼稚園か保育所かどこかに入れたいなって。そちらに入れますか」と尋ねた。幼稚園か保育所、というと仕事をしているのであろうか。「お仕事をされているのですか？」と聞くと、「いえ、まだ仕事をするかどうかは決めてはないです」と答えた。どうやらSさんは、保育所の入所要件や幼稚園と保育所の違いを分かっていないようだった。幸い、R幼稚園は3歳児クラスの入園定員に空きがあったため、「お母さん、今からお子さんと来てみませんか？　園を見てもらって、それからお話をうかがいましょう」と声をかけた。

　「すぐに行きます」と答えてから30分後、園にやってきたSさんは、3歳の長女を筆頭に、2歳と1歳の女児の三姉妹を連れ、お腹にもう1人妊娠していた。長女は、園内を手が空いていた職員と見て回り、初めて来た場所に興味津々であった。その間、Sさんから話を聞いてみると、「子どもたちはかわいくて仕方がないんです。でも、ときおり息が詰まります。夫は長期出張がある仕事で、数ヶ月ごとにしか帰りません」という。実家も近くはないようで、一人でここまでがんばって来たSさんを労い、入園を勧めた。「夫と相談してから決めます」といいながら、翌日には入園手続きを済ませ、無事長女は4月から入園することができた。それから毎年R幼稚園に入園した年子の3姉妹は幼稚園が大好きになった。長女が卒園する際、Sさんと入園した頃の話になると、「あのときの電話で、すぐおいで、と受け止めてもらえたことが嬉しかったから、ここに入園しようと決められました」と話していた。

　Sさんは、「子育てを楽しい」と感じ、そして子どもとずっと家で過ごしていることに疑問もなく過ごしてきていた。それでも、近くに親や頼れる人がいない状態だと、知らず知らずのうちに追い詰められてしまう……そんな潜在的な「孤育て」で苦しむ親も少なくないのかもしれない。そういった保護者、家庭を乳幼児教育・保育施設が積極的に探し出すことはなかなか難しい。今回はたまたますぐに入園できたが、定員の関係で受け入れが難しい場合もあるだろう。それでも地域に根ざす保育の専門施設として、施設開放や相談に応じる体制を整えていき、地域の子育て支援へ協力することが、急務となっている。

2　保育の社会的役割と責務

　現在の子どもの育ちはどのような状況であろうか。近年、幼児の生活体験の不足等による、基本的な技能等が身についていないこと、心身の健やかな成長の増進や社会とのかかわりにおける態度を育む重要性などさまざまな課題が提示されている（文部科学省中央教育審議会 2016）。保育指針には、保育の実施に加えて、保護者に対する支援（入所児と地域の子育家庭に対する支援）の役割や、子ども

O子から届いた手紙

　4歳児クラスのときに担任した、N幼稚園のO子（事例p.95参照）から、卒園後、小学校入学を前にした3月末に、手紙が届いた。

　　　　「○○せんせいへ　しょうがっこうにゅうがくするのたのしみ

　　　ようちえんのにゅうえんしたとき　ないていたのもったいなかったと

　　　いまおもうとうよ（思っているよ）　　O子より」

　2年保育で入園したO子は、家で過ごしてきた4年間と園の環境の違いや子どもたちの活発さに戸惑い、毎朝泣いて登園してきた。慣れてきても母親を思い出しては泣き、お弁当の時間になると「ママ」と泣いてお弁当も食べようとしなかった。心からの笑顔が溢れるようになったのは2学期からだ。特に生活発表会の劇で、自分がなりたい役を演じたことから、人前で話すことも嫌がっていたO子が自分の考えを主張し、いきいきと過ごすようになった。年長組の1年間も友だちと遊びながら活発に過ごしたと、年長時の担任から聞いている。

　彼女にとって、2年前の入園当初の経験がいかに大きかったかというのは、泣き続けた彼女からの保育者の寄り添い方への戒めなのかもしれない。

　そんな彼女はもうすぐ小学校に入学する。「もったいないと思ったよ」の言葉の裏に、「小学校では泣かないよ」という決意がみえ、彼女の小学校でのいきいきとした姿を想像し、心躍らせずにはいられない。

の人権の尊重、説明責任の遂行、個人情報保護など社会的責任についても触れられている。乳幼児を預かる施設として、園児の保育のみならず、地域社会の一員として、乳幼児施設が果たす役割は大きい。

　また、「社会情動的スキルやいわゆる非認知的能力といったものを幼児期に身に付けることが、大人になってからの生活に大きな差を生じさせるという研究成果をはじめ、幼児期における語彙数、多様な運動経験などがその後の学力、運動能力に大きな影響を与えるという調査結果などから、幼児教育の重要性への認識が高まっている」「幼稚園のみならず、保育所、認定こども園を含めた全ての施設全体の質の向上を図っていくことが必要となっている」（文部科学省中央教育審議会 2016）と、どの乳幼児の施設も、質を高めながら子どもを育てていくことが求められている。乳幼児教育は、人間形成の基礎を培う重要な役割を担っている。乳幼児教育・保育施設は保育の専門家がかかわり、安全で安心できる場の提供を行えることを強みとした子育て支援の充実も図りながら、園に通う子どもたちの生涯を見通した育ちを支えていくことが、今求められている。

引用・参考文献

秋田喜代美・箕輪潤子・髙櫻綾子（2007）「保育の質研究と展望と課題」『東京大学大学院教育学研究科紀要』第47巻、pp. 289–305

倉橋惣三（1976）『フレーベル新書10　幼稚園真諦』フレーベル館

厚生労働省（2017）『保育所保育指針』

戸田雅美（2016）「遊び」日本保育学会編『保育学講座3　保育のいとなみ―子ども理解と内容・方法―』東京大学出版会、pp. 65-84

内閣府・文部科学省・厚生労働省（2017）『幼保連携型認定こども園教育・保育要領』

前原寛（2016）「計画と実践の関係の実際」日本保育学会編『保育学講座3　保育のいとなみ─子ども理解と内容・方法─』東京大学出版会、pp. 275-303

文部科学省（2017）『幼稚園教育要領』

厚生労働省社会保障審議会児童部会保育専門委員会（2016）「保育所保育指針の改定に関する議論のとりまとめ」

http://www.mhlw.go.jp/file/05-Shingikai-12601000-Seisakutoukatsukan-Sanjikanshitsu_Shakaihoshoutantou/1_9.pdf

文部科学省中央教育審議会（2016）「幼稚園、小学校、中学校、高等学校及び特別支援学校の学習指導要領等の改善及び必要な方策等について（答申）」

http://www.mext.go.jp/b_menu/shingi/chukyo/chukyo0/toushin/__icsFiles/afieldfile/2017/01/10/1380902_0.pdf

第 8 章

保育・教育とは
―子どもが育つとはどういうことなのか？―

この章では、今一度、子どもが育つとはどういうことなのか、保育とはどのような営みであるのかについて、これまで学んだことを振り返りながら、考えていこう。

第1節　育つ-育てる―保育の基盤となる「相互性」―

1　育つ者と育てる者の相互性

> 自ら育つものを育たせようとする心、それが育ての心である。世にこんな楽しい心があろうか。それは明るい世界である。温かい世界である。育つものと育てるものとが、互いの結びつきに於て相楽しんでいる心である。
>
> 倉橋惣三（1936）『育ての心』序文

現在もなお、日本の幼児教育・保育の考えの土台に位置づけられるのが倉橋惣三（1882-1955）の保育論である。子どもの主体性を尊重するところから保育をはじめようとする児童中心主義教育・保育においては、保育者と子どもは、「自らが育つ」ことにおいて対等な関係であり、相互にかかわり合うところにそれぞれの成長が生み出されるものであると、保育者と子ども、大人と子どもの関係の質が重要視されている。上に挙げた倉橋の『育ての心』の序文には、それがやさしい言葉で端的に示されている。「育つものと育てるものとが、互いの結びつきに於て相楽しんでいる」というのは、出会いを喜び、ともに過ごすことを楽しみ、かかわりによって場のあたたかみが醸し出されていくなかに教育・保育は成立するということではないだろうか。互いを尊重してかかわり合うこと――「相互性」を、保育の基盤に置くゆえんである。

2　子ども同士の育ち合い

育つことにおける「相互性」は、保育者（大人）と子どもの関係ばかりではない。

ともだち　　江草風花（千葉・4歳）

（おともだち　できた？）
うん　ひとりできたよ
（いっしょに　あそんだの？）
そうじゃないの
おともだちが
にこって　わらったから
ふうかもにこってわらったの
　　川崎洋編（2003）『おひさまのかけら―「こどもの詩」20年の精選集―』p. 132

図8-1　相談しながら製作（5歳児）

幼稚園や保育所、認定こども園などの幼児教育施設や地域の遊び場などは、子ども同士の出会いの場である。友だちと過ごすなかで、嬉しい気持ちや悔しい気持ち、悲しい気持ちやわくわくするような気持ち、ほっとした気持ちなど、ネガティブな感情も含めた濃密な感情体験がなされる。また、一人では思いつかないようなアイデアに触発されたり、懸命に伝えようと工夫したり、誰かと一緒だからこそ困難に立ち向かおうとするなど、多様な体験をして全人的な成長がもたらされる。共感に支えられ、葛藤を乗り越えて、社会的存在としての自己を形成していく（図8-1）。上の詩のささやかではあるけれど貴重なはじめの出会いが、「相互性」のなかでの大きな成長へとつながっている。

3　地域・コミュニティのなかで育つ―地域社会と子どもの育ちの相互性―

「一人の子どもを育てるには村中の皆が必要 "It Takes a Village to Raise a Child"」という西アフリカのことわざがある。子どもの豊かな育ちには、親や家族にとどまらず、地域社会のさまざまな人々や環境資源とのかかわり合いが欠かせない。子どもは、コミュニティという、人間がお互い

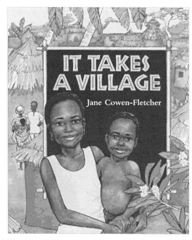

（注）"It Takes a Village to Raise a Child" という西アフリカのことわざを下敷きに、弟の面倒を見ている少女もまた、村中に見守られながら弟の世話をやり遂げ成長するお話である。
（出典）Cowen-Fletcher, J. (1994) *It Takes a Village.* Scholastic.

図8-2　It Takes a Village

図8-3　街の広場で（ピストイア市の幼児学校）

にかかわり合うことで作ってきた関係の網目（ネット）のなかに生まれ、多様なかかわり合いのなかで育つということと、そうした子ども一人ひとりの成長に、地域の皆がかかわり合うことが、住民一人ひとりの人間的成長と地域社会自体のあたたかみや人を育てる力の育成につながっているということをこのことわざが示している（図8-2）。

　ここでも重要なのは、育ちの「相互性」である。大人が子どもを育てる、地域で子どもを育てるという一方向の関係ではなく、子どもという存在が大人も地域社会も育てていく。子ども自身もまた地域社会を構成する存在であるという、相互的で対等な関係ということである。

　街を学びの場として積極的に出かけ、街の持つ歴史文化施設や公共の場所を活用し、街の人と出会いかかわることで豊かな学びを創り出す保育を展開することが、イタリアのレッジョ・エミリア市やピストイア市などで行われている（図8-3）。子どもは自分の街の歴史や文化、自然や産業、生活に触れ、そうした自分の身近にあるものを教材として学んでいく。街が子どもの学びに巻き込まれていくともいえる。自分のアイデンティティの基盤ともなる生まれ育ってきた地域に対しても、影響を与え、与えられながら、すなわち、子どもは地域に育てられながら地域を育てていく存在なのである。ここでも、子どもと地域（人、モノ、文化・歴史など）との「相互性」が見て取れる。

4　育つ時代に育てることを学びながら育つ

　フレーベルのキンダーガルテン（子どもの苑）では、子どもたちが自分たちの花壇や畑で草花や穀物、野菜を育てていた。植物の栽培や小動物の飼育は、日本の幼児教育・保育施設でも広く行われている。それらは栽培係や飼育係による当番制の世話以前の、小さな命へのいとおしさから自然に発露する行為としての世話であるように思う。また、遊びのなかで、子どもたちは、かいがいしく誰かのために立ち働いている。例えば、クッキー屋さんをする子どもたちは、一人でも多くのお客さんに喜んでもらえるよう、一生懸命クッキーを作っては売り歩いている。砂場を耕して草を植え、水をやり、畑作りごっこに精を出す子どももいる。もちろん、ミニトマトやピーマンなど、本物の野菜を栽培したり、朝顔やコスモスの種をまいたり、チューリップやヒヤシンスの球根を育てたりもする。夏の間皆で育ててきたカブトムシとお別れをし、春まで冬眠するカメの寝床になる落ち葉をたっぷり集めてしばらくのお別れをすることもある（図8-4）。年長に進級して、去年の年長さんのようにと張り切って3歳児と遊んだり、朝の支度を手伝ったりする姿もある。

　このように、育てられる時代である幼児期の生活のなかには、ほかの命が育っていくことにかかわることの喜びを感じる機会がある。遊びのなかでの対象（友だちも遊具も生き物も家族も）との関係や実際のかかわり方のなかに、「育てる」を学ぶ要素がある。特に動植物の栽培や飼育においては、それぞれの命が、自分のなかに内在する成長するエネルギーを発露させてぐんぐんと育っていく様子に触れることができる。育てる

図8-4　冬眠前のカメさんにさよならの挨拶

ことを通して、誰もが持っている自己の内側からの成長を感じ取り、そのことによって、自分のなかにある育つ力を感じたり、自分もまた、今、育っているということを実感する。

　子どものなかに「育つ－育てる」ことの両方が存在し、育てられる自分、育てる自分、育つ自分がいる。育ちをめぐる子どものなかでの相互性もまた、ここに存在する。

第2節　学ぶ－教える―学ぶものの主体性の尊重―

1　子どもは生まれたときからアクティブ・ラーナー

　乳幼児期の保育の基本である「環境を通しての保育」が成立するためには、環境（ヒト、モノ、コト）とかかわる子ども自身の主体性が不可欠である。「学ぶ」とは、大人から教えられたり、指示に沿って行動しながら新しい知識や技能を得ていくことだけではない。自らが関心を持って周りの環境とかかわり、いろいろ工夫したり考えたりしながら試してみるなかで、新たな発見がもたらされたり、新しい発想が生まれたり、自分なりに納得できたりする。自分が興味を持ってはじめた遊びだからこそ、集中して真剣に取り組む。それが、これからの学びの土台を形成する時期、学びに向かう姿勢や態度を獲得する時期である乳幼児期の姿であり、その核になるものが「主体性」といえる。

　こうした周りの環境に興味を持って主体的にかかわっていくことは、乳児期から見られる。次に示すのは、乳児が自分から周囲の環境に対して試しながらかかわっていったエピソードである。

　「地元のカフェのベンチでくつろいでいたとき、一緒にいた生後8ヶ月の女の子がベンチに登りはじめ、前のめりになり頭を壁にぶつけてしまいました。びっくりしながらも私は、どうしたらいいだろうかとちょっと待っていたのです。その女の子はじっと動かず、私はこれでこの出来事は終わりだと思っていたのです。ところが、女の子は頭をもたげると、ゆっくりと注意深く自分から頭を壁にぶつけたのです。そしてスピードを変えながら、何回か繰り返しました。痛くない程度の強さで。そうやって彼女は、壁にぶつからない頭の動き、ぶつけても痛くないスピードを会得したのです。最初に壁に頭をぶつけてしまったときには痛かったでしょうが、彼女は創造的に自分のスキルを、身のこなしと事故を防ぐスキルを培ったのです。私は、8ヶ月の乳児が自己と空間の関係を自分で試しながら形成していったことに驚きを感じ、この女の子の創造力に感心し、尊敬を持って見たのです」

　　　　　　　　「ブロウイン・デーヴィスの観察記録」OMEP 世界大会 2010 での講演より筆者訳

　このように、乳児を観察していると、ボールを転がしたり、穴に落としてみるなど、何度も繰り返し操作する姿や、いないいないばあのように、隠れたモノを確信を持って見つけ出して満足する姿に出会う。自分から興味を持ってかかわろうとする姿勢と納得するまでじっくりとかかわる乳児の姿は、私たちに、子どもは生まれたときから、自らが主体的に環境とかかわって学ぼうとする積極的な学習者、アクティブ・ラーナー（active learner）であることを教えてくれる。そうやって子どもは、自分を取り巻く世界の特性、モノの性質や因果関係を理解し、やがて予想や推測を持って試してみたりするようにもなる。そこには、驚きや発見の喜び、自信など、さまざまな感情が生まれ、自己が形成されていく。

コラム

いないいないばあ

　M（1歳1ヶ月）は、0歳の頃から「いないいないばあ」遊びが好きで、保育者と何度も繰り返して楽しんでいた。この頃は、自分で積み木にタオルをかぶせて、「ナンナンバア」といいながらタオルをとると、「あったー」といわんばかりの笑顔を保育者に向ける。見えなくなってもそこに確かに存在することが分かってきたからこその姿である。仲よしのKが登園してくると、「ばー」「ばー」と挨拶を交わすように言い合っている。その姿に、昨日別れた友だちと翌朝また会えたことも、長い時間をかけての「いないいないばあ」なのだと気づかされた。この日、MとKは、柱の角から何度も「ばー」と顔を交互に出し合って遊んだ。その後は、ボールをトンネルに転がしては、反対側から出てきたところで「ばー」と言い合って笑っていた。この2人の姿を人間関係の育ちという側面だけでなく、認知能力の発達という側面からも捉えるとき、乳児期からの確かな学びの芽生えと、協同的な学びの成立を見て取ることができる。友だちとの別れと出会いを喜び、見えなくなってもモノが存在することを発見し、その発見を友だちと共有する——遊びを通して発達を総合的に捉える視点を持ちたい。

　この乳児期からの「学びの芽」に気づき、主体的な学びを可能にする環境を用意し、かかわりを支えていくことが「保育」なのである。そのためには、応答性のある環境を構成することと、保育者自身が「オープン・リスニング」の態度を持つことが重要となる。「オープン・リスニング」とは、これまでの自分が持っていた枠組みでの判断をいったん停止して、相手をそのまま受け止める姿勢を持って子ども（対象となる存在）と向き合うことである。主人公としての子どもを尊重し、心の声に耳を澄まそうとする「オープン・リスニング」の態度が、主体性の育ちを導いていく。

2　仲間とともに学ぶ—対話的な学び—

　2019年からの学習指導要領、幼稚園教育要領では、「何を学ぶか」だけでなく「どのように学ぶか」が重要視される。この「どのように学ぶか」に着目して、学びの質を高めていくためには、「学び」の本質として重要となる「主体的・対話的で深い学び」の実現を目指した「アクティブ・ラーニング」の視点からの指導・援助が求められる。ここでは、「対話的学び」について考えてみよう。5歳児クラスの12月の事例である。紐でこまが回せないA君をこま勝負の仲間に入れるかをめぐって、子どもたちがそれぞれ自分なりの意見を言い合っている。そのなかで、子どもたちがどのような体験をしているのかを見ていこう。

事例：こま勝負（5歳児クラス、2学期）

エピソード	体験していること
K先生は、年長5歳児クラスの担任である。幼稚園では今年もまた2学期の終わり頃、こま回しがはやり始めた。K先生のクラスでは、カンごまに紐をかけて回すことに男の子たちが挑戦している。ほとんどの子どもが回せるようになり、このところこま勝負に熱中している。そのなかにいて、まだカンごまが回せないA君は、去年使っていた木ごまを手で回して楽しんでいる。 　誰ともなく「こま勝負しようぜ」と声をかけ、クラスの男の子たちが	①毎年この時期に出てくる遊び ②技が要求される ③個々の技量が異なる競い合いを楽しむ

カンごまを手に集まってきた。Ａ君もそこに入っていったが、今日は、「Ａは手で回すからだめだ」と数人が言い出した。この間終わった生活発表会でずい分自信をつけたと感じられていたＢ君が、「そんなこといわないでＡ君も入れて一緒にやればいいじゃないか。どうして入れてやらないんだよ」というと、それに対してＣ君が、「だって手で回すんじゃ条件が違うからだめなんだよ」と説明している。するとグループのなかで一番こま回しがうまいＤ君が、「俺がＡの分も頑張るから同じチームになればいいよ」とＡ君を入れてこま勝負をしようとする。「でもさぁ、それよりもＡが回せるようになるのが一番いいんじゃない？」とＥ君がいうと、ほかの子たちも、「教えてやるよ」「一緒に練習しようぜ」と賛成し、Ａ君もその気になったようで、みんなでテラスに出ていくと、口々に自分なりのコツを教えたりやってみせたり、Ａ君も何度も一生懸命回している。みんなの応援を受けて、Ａ君もとうとう回せたようで、しばらくして、「先生、Ａが回せた！」とみんなで部屋に駆け込んできた。

④〜⑧
自分の意見を友だちに向けて発信する

公平さ、ルールに関しての話し合い

違う意見も聞き入れて話し合う

自分の視点から提案し合う

⑨教え合う
⑩挑戦と努力
⑪達成感の共有

Ｋ先生は、Ａ君も入ってこま勝負をしている男の子たちを見ながら、子どもたちの世界も年長ともなるとなかなか厳しいなあと思いながらも、そこに確かな成長も感じ取った。去年だったら、回せなくても仲間に入れようということになったかもしれないし、自分自身もそういう声かけをしたかもしれない。これまでなら「できないことを理由に仲間に入れないというのはよくないしかわいそうだ」といった仲間関係や相手の心情を思いやって行動するという発想が優先されていただろうし、Ｋ先生自身もそう考えてこれまでそのように子どもたちに伝えかかわってきたからだ。けれども、条件が違うからというＣ君の言い分は、公平に勝負したいという気持ちの現れだし、そこまで考えるようになったからこそ入れられないというのは理解できる。ほかの子どもたちも、単に仲間に入れようというのではなく、Ａ君のことを考え遊びの充実も願って行動しているように思える。Ｋ先生は、子どもたちが自分たちの力で見事に解決していく姿を見て、年長の担任として卒園が近づいてきた今の援助のあり方は何かと、改めて自分に問いかけている。

筆者の参加する幼稚園教諭の研究会での事例報告

　遊び場面での会話からは、これまでの遊び体験から得た、それぞれの子どもの考えがうかがえる。勝負ゆえに条件の公平さを指摘するＣ君、友だちへの思いやりから仲間に入れようとするＢ君、自分の力で解決しようとするＤ君、Ａ君自身の課題として捉えようとするＥ君など、誰もが自分なりの意見を持ち、仲間に伝え合って、話し合いが成立している。「仲間外れはかわいそう」という心情的な意見でも、「仲間外れはよくない」という教条的な発想でもなく、「こま勝負」が成立するには何が求められているのかを、一人ひとりが考えながら発言し、一方的に主張するのではなく、仲間の意見にも耳を傾けている。そして、意見がまとまって、Ａ君は仲間に応援されながらこま回しに挑戦し、成功する。

　幼児期の終わりまでに、このような互いを尊重した対話によって、一つの方向を見いだしていくような経験を重ねていくことが望ましい。そこから子どもたちは、仲間と意見を重ねていくことで、葛藤はありながらも、自分だけで考える場合よりも多様な視点から物事を捉えることができたり、自分だけでは思いつかなかったような発想を得たり、誰かの発言がヒントになって新しいアイデアがわいたりすることを体験する。仲間とともに学ぶことのおもしろさ、対話を基調とする協同的な学びの体験である。

3　学ぶとは自己変容がもたらされること

　ここでは、「深い学び」について、考えてみよう。

　津守（1979）は、「幼児が夢中になって砂場で半日を過ごした後に、立ち上って帰るときの表情には、満ちたりた落ちつきが見られる。その体験をすることによって、子どもは発達するといってよいと思う。その体験は、子ども自身の生きた感動をもったものであり、傍らにいる大人にも、その感動は伝わってくるものである。すなわち、発達は行動の変化として記述されるのみでなく、その裏側には子ども自身の発達の体験がある」「見方によっては、とるに足りない小さなできごとであるけれども、子ども自身にとっては、その体験の前と後とでは、自分自身が変化したことを感じるような重要なできごとである」と、「発達の体験」について述べている。子どもが自分ではじめた遊びに夢中になって遊ぶとき、そこには、静けさが生じてくることがある。それほどに夢中になり、真剣になり、その遊びに溶け込んでいるような状態になる。そのとき、子どもは「発達の体験」をしており、それが「深い学び」といえるものでもあろう。そのためには、ある程度まとまった時間が子どもには必要である。保育者主導の細切れな課題活動の連続で一日が構成されるのではなく、保育者が、子どもが心ゆくまで自分の遊びに没頭できる時間と空間を保障することによってもたらされる学びだからである。

　次に示すのは、年少児（3学期）の午前中いっぱいを使ったピアノ作りの事例である。仲のよい友だちとの遊びの楽しさに支えられ、保育者の援助を得て、これまでほとんどやったことがなかった製作に取り組んだ事例である。

事例：K男のピアノ作り（3歳児クラス、3学期）

エピソード	体験していること
K男は、①紙を丸めてメガホンのようにして口にあてると、「おいもー、おいもですよー」といいながら、保育室のなかを回っている。それを見たH子は、にこにこ笑いながらK男の後ろにつくと、同じように「おいもー、おいもー」と売り声を挙げた。K男は②嬉しそうな顔で振り向くと走って逃げ、2人の追いかけっことなった。 　しばらくしてK男がロッカーにもぐると、H子も隣のロッカーに入ってきたので、すかさずK男はそこを③宇宙船に見立てて操縦のまねをし宇宙船ごっこが始まった。K男は自分の好きな遊びをH子とともに楽しみたいという思いではじめたのだが、H子が焼きいも屋さんのときのようには興味を示さず、K男の働きかけが空回りしている。 　2人が浮かない顔でロッカーに座っていると、A子が④弾いているピアノが聞こえてきた。保育者が「さいた、さいた、チューリップの花が……」と、A子がめちゃくちゃに弾くピアノに合わせて歌っている。 　それを見ていたH子は、⑤数日前に画用紙で作ったグランドピアノを棚の上から持ってくると、ロッカーのところで弾き始めた。するとK男が保育者のところへ走って行き、「ピアノ、ぼくH子ちゃんと⑥同じピアノ作る」とせがんだ。保育者は、「H子ちゃんと同じピアノなの？」と確認しながら、画用紙にピアノの輪郭を描き、K男はそばでじっと見ている。	①生活の模倣としてのごっこ遊び ②遊びを通しての親密さの深まりと確認 ③空想から始まるごっこ遊び ④演奏を楽しむ ⑤友だちの遊びに刺激されて遊びのアイデアが浮かぶ ⑥友だちと同じもので一緒に遊びたいという動機から、自発的

H子が、自分のピアノを弾くまねをしながら、「はーるがきーた、はーるがきーた」と歌い出すと、保育者は手を休めず、「のにーもーきたー」と唱和した。「いい音がすると思ったらH子ちゃんのピアノだった」と保育者にいわれて、H子は、にっこりすると、また歌い出した。⑦A子のピアノとH子、保育者の歌声が響き、保育室の空気があたたかくなごんでいるように感じられる。

⑦歌を通して気持ちが共鳴し合う

　部屋の中央の机で、K男がグランドピアノの上蓋の部分の色を塗りはじめる。H子のピアノと同じものをという気持ちがあるので、⑧よく見て同じ色を同じ部分に塗っている。H子は、製作が好きで普段からいろいろなものを作って楽しんでいる。一方K男は、絵などめったに描かない子どもであり、ピアノ作りはK男にとっては大変な活動になると予想された。そこで保育者は、H子と同じピアノを作りたいというK男の気持ちを大切に考え、丁寧に色を塗ることよりも、まずピアノの形に作り上げることを主眼として援助しようと考えた。そこで、⑨表から見える部分だけを塗ることをK男に提案した。

⑧友だちと同じものがほしくて苦手な製作に取り組む

⑨完成する（形になる）ことを主眼にと援助の方向を決める

　K男は、上蓋を塗り終えると、「できたー」と嬉しそうな声を挙げたが、まだ作業が続くと分かってしばし手を止める。思いのほか大変なことになりそうだと困惑しているように見える。けれども、「はーるがきーた」のH子の歌声に、K男は気持ちを取り直したか、今度は自分も「はーるがきーたー」と⑩歌いながら作り出した。

⑩友だちに支えられて製作を続ける

　H子はピアノを持ってK男の作業机までくると、笑いながら「ピアノがきーたー」と歌う。K男が「ピアノが来ただってー」とおどけて応じると、H子が「いーすがきーた、ふーくがきーた」と笑いながら⑪替え歌をつないでいく。それをまたK男が繰り返し、おもしろくなった2人は、「オバケがきーた、ドロボーがきーた」と、それらしい仕草をしながら机の周りをぐるぐると歌いながら踊り出した。「○○がきたー」と言い合い、なりきって踊るのが楽しく、2人は共鳴し合いながら、しばらくそれを続けた。

⑪言葉遊び、身体表現

　保育者が「K男くん、今度は足を作りましょう」というと、K男は「えっ」と驚くが、H子のピアノを見て、足が3本必要だと納得すると、画用紙を受け取り、椅子に座ると、足の部分の色を塗り始めた。1本目は早くという気持ちからか、なぐり描きのような色塗りだったが、2本目はゴシゴシと音がするほど真剣に塗り、最後の足はさらに⑫丹念に集中して作った。保育者は、「だんだん綺麗になったわね」と感心していいながら、K男が色を塗り終えたピアノの足をつけていく。K男はそばで待ち遠しそうにじっと見ている。

⑫製作活動に集中する

　⑬できあがったK男のピアノの横にH子がピアノを並べると、それぞれのピアノを弾いては歌い楽しんだ。

⑬できあがった充実感　友だちと同じもので一緒に遊ぶ

　めったに絵を描かない、どちらかというと苦手なK男だが、おいも屋さんごっこをH子と楽しんだことがきっかけとなって、H子のピアノと同じピアノがほしくなる。大好きなH子が持っているピアノを自分も作りたいという思いに動かされてK男はピアノを作りはじめるが、予想以上の大作業に音を挙げそうになる。けれども、H子と替え歌を歌ったり、オバケなどになりきって踊ったりするうちに、H子と一緒にピアノを弾いて歌いたいという気持ちが高まり、再び真剣に作りはじめ、これまでのK男には見られなかったほどの製作をやり遂げる。K男は、大好きな友

> だちに刺激され支えられ、友だちに対する思いによって、これまであまり好きとか得意だとか感
> じていなかった製作活動を楽しむことができたのだろう。
> 　子どもは、その子の持つ能力を、いつでも簡単に出せるわけではない。自分自身の内部からや
> りたいという気持ちが生まれ、イメージも生まれ、主体的に取り組むとき、指示されてやるとき
> 以上の力が発揮される。
> 　K男にとってのこの日のピアノ作りは、友だちとの親密さをさらに深め、製作活動のおもしろ
> さにひかれ、集中して活動に取り組む心地よさを感じるといった、非常に多義的な意味を持った
> 活動であり、新たな方向への発達の契機ともなったと考えられる。

筆者の保育観察記録

　K男は、はじめはいつものようにH子とふざけているような様子であったのが、途中から真剣な
表情になる。前半では、遊びのイメージが、たくさんの友だちの活動が交差し相互に影響を及ぼし
合うところに生起し、発展していくことが示されている。K男のおいも屋さんごっこがおもしろそ
うだと近づいて、一緒に売り歩いていたH子は、A子が本物のピアノを弾いて保育者と歌って楽し
んでいるのに気づくと、自分が作ったピアノを持ってきて、弾くまねをしながら歌い、A子と保育
者の間へ仲間入りする。そして今度は、そのH子に刺激されたK男が、ピアノ作りをはじめるとい
う具合である。保育室のなかで子どもたちがそれぞれの遊びを楽しんでいるとき、別々に遊んで
ながらも、互いに影響され合い、結びついたり離れたり、共通したテーマがあったり、イメージや
ストーリーを共有し合っていることが、保育においてはしばしば見られる。集団のなかで、友だち
との相互のかかわりのなかで、遊びが発展し、発達がなされていく。

　後半では、K男がH子と同じピアノがほしいという思いを持って、グランドピアノの製作をはじ
める。製作が好きで、これまでいろいろなものを作ってきたH子と同じように作ることは、立体的
なものを作る経験がほとんどなかったK男にとっては大仕事である。H子と同じピアノをという気
持ちからはじめたものの、思いのほか大変な作業であることに気づき、気持ちが萎えそうになって
しまうが、H子の応援や保育室全体の楽しそうな雰囲気、保育者の援助によって最後まで完成させ
る。最後には、一言も発さず真剣に色を塗り、とうとうピアノを仕上げると、H子とピアノを並べ
て、弾き歌いを楽しんだ。

　K男にとって、この日のピアノ作りは、まさに津守のいう「発達の体験」といえる深い満足感と
達成感を伴う遊びであったといえるだろう。このように、友だちに支えられ、自分がやりたいと思
うことに時間をかけて取り組むとき、遊びを通して「深い学び」がもたらされる。

　保育においては、子どもの思いに共感的に寄り添い、子ども自身が自ら関心を持ってかかわろう
とする環境作りを工夫し、子ども自らがはじめた遊びに集中し遊びきることを大切にしながら援助
する。そのとき、子どもは「主体的・対話的で深い学び」を体験し、発達がなされていく。主体性
を尊重する保育のあり方は、アクティブ・ラーニングそのものであるといえる。

第3節　今と未来を生きる―これからの保育課題と保育者のあり方―

1　新しく出会う

　保育という、子どもと子ども、子どもと保育者が出会い、同じ時間と場所を共有して過ごす営みにおいては、どの活動も、再現不可能な一回性を持ったものである。毎日、毎月同じように繰り返される活動であっても、これまでとまったく同じことがなされているわけではない。毎年同じように季節がめぐりきても、そのときどきの自然とのかかわりは、毎回異なっているのではないだろうか。鴨長明の『方丈記』の冒頭の一文「ゆく河の流れは絶えずして、しかも、もとの水にあらず（河の流れは途絶えることがなく、一見同じ水のように見えるが、そこを流れている水は、一瞬前と同じ水ではない）」が示すように、保育においても、園という環境のなかで、日々新しい出来事が生じ、新しい出会いや発見がなされているのである。

　経験を重ねていくうちに、これまでにも同じような遊びが見られたと感じたり、以前にも似たような子どもがいたと思い出したりすることがあるだろう。そうした経験を「今」に生かしていくことは、保育者としての成長のなかでは当然のことである。けれども、そのことが、目の前で起きていることを注意深く観察したり、そのときの子どもの気持ちにしっかりと寄り添おうとする意識や態度を薄める方向に働いてしまうのでは本末転倒になってしまう。経験を積んでベテランになるとは、これまでに経験してきたことを踏まえながらも、それをただあてはめるのではなく、毎回新鮮な心持ちで目の前の子どもに向き合い、理解し、かかわろうとする姿勢を自分のものにすることである。熟達した保育者とは、常に自らを新しくすることができる保育者ではないだろうか。

驚　く　心

おや、こんなところに芽が吹いている。
畑には、小さい豆の嫩葉が、えらい勢いで土の塊を持ち上げている。
藪には、固い地面をひび割らせて、ぐんぐんと筍が突き出してくる。
伸びてゆく蔓の、なんという迅さだ。
竹になる勢いの、なんという、すさまじさだ。

おや、この子に、こんな力が。……
あっ、あの子に、そんな力が。……
驚く人であることに於て、教育者は詩人と同じだ。
驚く心が失せた時、詩も教育も、形だけが美しい殻になる。
　　　　倉橋惣三（2008）『倉橋惣三文庫③　育ての心（上）』フレーベル館、p. 32

　「驚く心」とは、常に「今、ここで、新しく」出会い、そこから学んでいこうとする保育者にとって、なくてはならないものであろう。

2　遠い世界、まだ見ぬ世界に思いをめぐらす

　教育基本法第11条に、「幼児期の教育は、生涯にわたる人格形成の基礎を培う重要なものである」

と記されているように、幼児期の教育・保育には、「今、ここ」の充実と、未来への学びの結実という、時間軸をまたぐ二重課題が課されている。したがって、保育者には、「今」を育てることで「未来」をも育てているという発想を持つことが求められる。

　幼稚園教育要領の前文には、次のような文が掲げられている。

　これからの幼稚園には、学校教育の始まりとして、（中略）一人一人の幼児が、将来、自分のよさや可能性を認識するとともに、あらゆる他者を価値のある存在として尊重し、多様な人々と協働しながら様々な社会的変化を乗り越え、豊かな人生を切り拓き、持続可能な社会の創り手となることができるようにするための基礎を培うことが求められる。

　これは、国際連合「持続可能な開発のための教育（ESD：Education for Sustainable Development）」の考え方に基づいている。持続可能な開発のための教育とは、「現代社会の課題を自らの問題として捉え、身近なところから取り組む（think globally, act locally）ことにより、それらの課題の解決につながる新たな価値観や行動を生み出すこと、そしてそれによって持続可能な社会を創造していくことを目指す学習や活動」（日本ユネスコ国内委員会）である。「持続可能な開発」とは、「将来世代が彼らのニーズを満たすための能力を損なうことなく、現在世代のニーズを満たすこと」であり、1987 年に国際連合「環境と開発に関する世界委員会」で提唱された概念である。経済と社会・文化的なものと環境の 3 点の調和が図られることが「持続可能な開発」にとって重要であるといわれている。日本政府と NGO が 2002 年に「持続可能な開発のための教育の 10 年」を提案し、2005 年から 2014 年の 10 年がそれにあてられた。2014 年以降も ESD は引き続き推進されることとなり、2015 年からは、持続可能な開発目標（SDGs：Sustainable Development Goals）に包括された。

　「持続可能な社会」とは、今もこれからも、誰もが幸福を享受して生きることができる社会であり、そのような社会を作っていくためには、自分の身の周りのことだけでなく、遠くの世界のことや、未来の世界のことも考えながら生活することが必要となる。そのためには、普段の保育のなかで、見えない世界への思いやりや、今と地続きの未来のことを想像する感性を育てることが課題となる。例えば、目の前にいる友だちのことだけでなく、ここにはいない友だちのことを考えてみたり、遠くの世界に住んでいる友だちや未来の友だちのことを想像したりする機会を大切にするかかわりなどが挙げられるだろう。誰かのことを思いやりながら自分の行動を決めていくことや、自分の生活が誰かの生活とつながっていたり、誰かに支えられていたりすることに気づくことも大切に育てていきたい。このような保育実践のためには、保育者自身が、遠い世界と未来を考える視点を持つことが求められる。

3　対話的知性を持つ

　子どもと家庭を取り巻く状況の複雑化、保育課題の多様化、高度化にあっては、保育実践は個々の保育者の努力でなされるものではなく、園全体が組織として取り組むものとなってきており、そこでは、集団としての保育力が問われることとなる。集団の保育力を高めるには、個々の保育者が優れた能力を有しているだけでは不十分である。組織が集団として十分に機能するには、よいチームワークが図られることが欠かせない。多様な意見を交わし合いながら方向を見定め、協力して保

育にあたるためには、相手の意見をよく聞き、自分の意見も的確に伝えることができるコミュニケーション力が必要となる。仲間とともに組織全体で親と子の育ちに寄り添うこれからの保育者には、対話的知性（Communicable Intelligence）が求められる。

4　平和の文化の礎を築く

　国際連合は、ユネスコの提唱を受けて、2000 年を「平和の文化国際年」とし、2001～2010 年を「世界の子どもたちのための平和の文化と非暴力のための国際の 10 年」と宣言した。戦争やテロ、地域紛争がやまない時期に、子どもの心に平和の種を育てることが平和の文化を作る礎となると考えて、ユネスコは、教育を通じて平和の文化を育てる行動を呼びかけた。

> **国際連合「平和の文化国際年」**（2001～2010 年）**『わたしの平和宣言』**"MANIFESTO 2000"
> 1.　すべての生命を大切にします。"Respect all life."
> 2.　どんな暴力も許しません。"Reject violence."
> 3.　思いやりの心を持ち、助け合います。"Share with others."
> 4.　相手の立場に立って考えます。"Listen to understand."
> 5.　かけがえのない地球環境を守ります。"Preserve the planet."
> 6.　みんなで力をあわせます。"Rediscover solidarity."
>
> 日本ユネスコ協会連盟訳

　この「国際の 10 年」は終わったものの、各地での戦争はやまず、平和の文化を作ることは、今なお重要な世界課題である。

　「平和の文化」とは、どんな生命も傷つけたり奪ったりせず、争い・対立を暴力によってではなく創造的対話によって解決していくという考え方や行動の仕方、生き方など、人類がこれまで蓄積してきた人権の思想と叡智に基づく価値観と行動様式が慣習となり、文化として根づくことを指す。平和の文化を作るためには、子ども時代から、お互いの気持ちを大切にして、寛容さを持って許し合うことや、暴力に訴えることなく、思いやりと尊敬の心で相対する態度や生き方を身につけることが重要となる。平和の文化とは、抽象的な概念ではなく、毎日の保育のなかで、友だちとともにどのように生活するかという身近な実践の積み重ねで作られていくものであり、人格形成の基礎を培う乳幼児期の教育・保育のあり方、保育者のかかわりが果たす役割は大きい。小さな保育室で起こっている出来事や毎日の保育実践が、世界の平和の構築につながっているといえるだろう。また、乳幼児期の平和教育には、毎日の生活のなかで友だちや周りのものを大切にしようとする気持ちや態度を育てる「平和のための教育（education for peace）」だけでなく、保育・教育自体があたたかみとなごやかさのなかで平和的に進められ、平和的雰囲気を持つ「平和の中での教育（education in peace）」もある。子どもの周りに、親しみのある空間を作り出すことも、保育者が大切にしていきたいことである。

　このように、保育は目の前の子どもとともに過ごす実際的な生活によって成立しているものであるが、その生活とそこでの保育者のかかわりは、大きな世界とつながり、未来に開かれたものであるということを意識しておきたい。

引用・参考文献

川崎洋編（2003）『おひさまのかけら―「こどもの詩」20年の精選集―』中央公論社、p. 132

倉橋惣三（2008）『倉橋惣三文庫③　育ての心（上）』フレーベル館、p. 3、p. 32（『育ての心』出版は1936年）

津守真（1979）『子ども学のはじまり』フレーベル館

文部科学省（2017）『幼稚園教育要領』

Cowen-Fletcher, J.（1994）*It Takes a Village*. Scholastic

「持続可能な開発のための教育」と「平和の文化」については、日本ユネスコ国内委員会（http://www.mext.go.jp/unesco/）、日本ユネスコ協会連盟（http://unesco.or.jp/）、UNESCO（https://en.unesco.org/）ホームページ参照

索　引

編著者略歴

吾田　富士子（あづた　ふじこ）

鳴門教育大学大学院学校教育研究科修士課程修了
幼稚園教諭を経て、藤女子大学人間生活学部子ども教育学科教授、
日本保育保健協議会第一ブロック役員、日本医療保育学会理事、
北海道幼児教育研究推進協議会委員

【主な著書・論文】
『子どもと共に育ちあうエピソード保育者論（第2版）』（共著）みらい、
　2020 年
『保育に役立つ！　子どもの発達がわかる本』（監修）ナツメ社、2011 年
「震災時の医療保育士の業務について―北海道胆振東部地震当日の業務
　と震災に関する意識調査から―」『医療と保育』第 18 号、2020 年
「医療保育専門士の活動フィールドによって異なる専門性―専門性構築
　をめざして―」『医療と保育』第 17 号、2019 年

これからの保育と教育（第2版）
―未来を見すえた人間形成―

2018 年 5 月 23 日　第 1 版 1 刷発行
2020 年 9 月 7 日　第 2 版 1 刷発行

編著者―吾田富士子
発行者―森口恵美子
印刷所―美研プリンティング（株）
製本所―（株）グリーン
発行所―八千代出版株式会社

〒101
-0061　東京都千代田区神田三崎町 2-2-13
　　　TEL　03-3262-0420
　　　FAX　03-3237-0723
　　　振替　00190-4-168060

＊定価はカバーに表示してあります。
＊落丁・乱丁本はお取替えいたします。